Christine Schub

Lernstationen Haus- und Nutztiere

Differenzierte Materialien für den Sachunterricht

Die Autorin

Christine Schub studierte Lehramt für die Förderschule in den Fächern Deutsch, Heimat- und Sachunterricht und in den Fachrichtungen Geistige Entwicklung und Lernen. Nach dem Referendariat arbeitete sie integrativ und inklusiv an zwei Grundschulen in Schleswig-Holstein. Derzeit ist sie als Sonderschullehrerin in Nordrhein-Westfalen tätig.

2. Auflage 2022

AAP Lehrerwelt GmbH
Veritaskai 3
21079 Hamburg
Telefon: +49 (0) 40325083-040
E-Mail: info@lehrerwelt.de
Geschäftsführung: Christian Glaser
USt-ID: DE 173 77 61 42
Register: AG Hamburg HRB/126335

Wir verwenden in unseren Werken eine genderneutrale Sprache. Wenn keine neutrale Formulierung möglich ist, nennen wir die weibliche und die männliche Form. In Fällen, in denen wir aufgrund einer besseren Lesbarkeit nur ein Geschlecht nennen können, achten wir darauf, den unterschiedlichen Geschlechtsidentitäten gleichermaßen gerecht zu werden.

Autorschaft: Christine Schub
Covergestaltung: TSA&B Werbeagentur GmbH, Hamburg
Illustrationen: Katharina Reichert-Scarborough, Barbara Gerth (Sonne, Mond, Stern, Smileys)
Satz: Satzpunkt Ursula Ewert GmbH, Bayreuth
Druck und Bindung: Korrekt Nyomdaipari Kft., Budapest

ISBN: 978-3-403-20083-3
www.persen.de

Einleitung und praktische Hinweise 4

Aufbau, Ablauf und Einsatz der Lernstationen 4

Stationsbeschreibung 5

Übersicht über die Lernstationen .. 6

Station 1 – Tierklassen

A Tierklassen 7

B Ausschneidebogen 10

C Tierklassenkartei 11

D Suchsel 14

E Tierzuordnung 15

Station 2 – Tierfamilien

A Tierfamilien 16

B Bildkarten 22

C Wortkarten 24

D Lege-Quiz 26

Station 3 – Behausung

A Wo leben die Tiere? 27

B Was brauchen die Tiere? 29

C Kanarienvogel Karlchen 31

Station 4 – Nutztiere und Haustiere

A Haustiere 32

B Nutztiere 34

C Haustier? Nutztier? 36

D Knobelaufgabe 40

E Tiersteckbrief 41

Station 5 – Meerschweinchenheft

A Meerschweinchen-Lückentext 43

B Meerschweinchenkauf 44

C Pflege 45

D Sprache 47

E Futter 48

Station 6 – Hase oder Kaninchen

A Hase oder Kaninchen? 49

B Gemeinsamkeiten und Unterschiede 50

C Kreuzworträtsel 51

D Suchsel 52

Station 7 – Tierspiele

A Memo-Spiel – Bildkarten 53

B Memo-Spiel – Wortkarten 54

C Haustierexperte – Anleitung 55

D Haustierexperte – Fragekarten 56

E Haustierexperte – Spielplan 59

Anhang

Stationsschilder 60

Laufzettel 64

Beobachtungsbogen 65

Selbsteinschätzungsbogen 66

Urkunde 67

Lösungen 68

Literaturhinweise 75

Einleitung und praktische Tipps

Das Thema Tiere ist sehr beliebt bei Kindern jeden Alters und es ist auch ein wichtiger Bereich des Sachunterrichts. Gleichzeitig ist es auch ein Thema, das Schüler[1] durchaus selbstständig und frei bearbeiten können – dafür bietet sich die Arbeitsform der Lernstationen an. Durch die überwiegend dreifache Differenzierung fördern Sie dabei gleichzeitig wirklich alle Schüler!

Aufbau, Ablauf und Einsatz der Tierstationen

Jede Station sollte über ein Stationsschild verfügen. Dazu können die Schilder aus dem Anhang auf DIN A4 kopiert und laminiert werden. Danach kann es einmal geknickt und auf den dazugehörigen Stationstisch gestellt werden. Das dient der besseren Orientierung im Raum. Sollen alle Stationen auf einmal zur Verfügung stehen, könnte es ratsam sein, die Stationen in Ablagekörbchen bereitzustellen. So lassen sie sich schnell auf- und abbauen und können übereinandergestapelt platzsparend verstaut werden.

Zu jeder Station sollten die jeweiligen Arbeitsmaterialien in ausreichender Anzahl gelegt werden. Im hinteren Teil dieses Buches finden sich Lösungen für einen Teil der Arbeitsblätter. Teilweise sind diese verkleinert abgebildet, teilweise aber auch mehrere Arbeitsblätter auf einer Seite zusammengefasst. Die Lösungen können Sie bei Bedarf etwas versteckt an jeder Station zur Selbstkontrolle bereitlegen. Im Ablagekörbchen können Sie die Lösungen einfach umgedreht unter die anderen Arbeitsmaterialien legen.

Für den Lehrer gibt es eine Stationsübersicht, die die benötigten Materialien auflistet und Lernziele benennt. Die aufgeführten Lernziele werden nicht alle zur gleichen Zeit und nicht alle in einer Stunde von allen Schülern erreicht, sondern im Laufe der Stationsarbeit, die über mehrere Stunden fortgesetzt werden kann. Des Weiteren befindet sich in diesem Band noch eine Literaturliste, die auf Bücher, CDs und DVDs sowie Internetadressen rund um das Thema *Tiere* verweist. Diese können auf einem Thementisch ausgelegt werden, sodass die Schüler jederzeit Zugriff haben.

Die Arbeit an Stationen kann in kleinen festen Gruppen oder in Partnerarbeit erfolgen. Dies bietet die Möglichkeit des Austausches und des Diskutierens, welche Lösungsmöglichkeiten infrage kommen oder wie das Vorgehen zu gestalten ist. Des Weiteren kann in jeder Gruppe ein Leser bestimmt werden. Dies stellt sicher, dass auch Schüler mit Schwierigkeiten im schriftsprachlichen Bereich die Aufgabenstellung verstehen. Zwar sind alle Stationen auch mit Bildern und bildlichen Anleitungen versehen, doch manch komplexe Fragestellung lässt sich visuell nur unzureichend abbilden. Schwierigkeiten im schriftsprachlichen Bereich bedeuten jedoch oft nicht, dass die Fragestellung beim verbalen Vortrag nicht erfasst werden kann.

Der Vorteil dieser Stationen liegt in ihrem flexiblen Einsatz sowie der flexiblen Bearbeitung. Die Stationen eignen sich gut für heterogene Lerngruppen und können auch im integrativen Bereich zum Einsatz kommen. Die Schüler können jede einzelne Station in ihrem Tempo durchlaufen und dabei individuelle Interessenschwerpunkte wählen. Die Lehrkraft hat die Möglichkeit verschiedene Differenzierungsmöglichkeiten anzubieten. Der Schwierigkeitsgrad der Stationen wird mithilfe folgender Symbole ausgewiesen:

= leicht = mittel = schwierig

Wenn kein Symbol ausgewiesen ist, ist das Arbeitsblatt für alle Schüler gleichermaßen einsetzbar. Hier wird kein Schwierigkeitsgrad zugewiesen.

Die Stationen dürfen nicht als starres Konzept verstanden werden. Nicht jeder Schüler muss jede Station bearbeiten. Es können Schwerpunkte für jedes Kind, orientiert an den individuellen Fähigkeiten, gesetzt werden. Auf dem Laufzettel können Sie in der Spalte „Anmerkungen“ für jeden Schüler Arbeitsanweisungen schreiben, ihm also mitteilen, welche Teilaufgaben einer Station er wie bearbeiten soll. Dies geht am einfachsten, indem Sie den Buchstaben des entsprechenden Arbeitsblattes zusammen mit dem Symbol des Schwierigkeitsgrades aufschreiben. Sie können auch Stationen streichen. Es besteht die Möglichkeit, feste Lerngruppen zu bilden. Dies steigert soziale Kompetenzen und ermöglicht ein Lernen von- und miteinander. In der Regel kommen Schüler während einer Stationsarbeit zwangsläufig miteinander ins Gespräch.

[1] Wir sprechen hier wegen der besseren Lesbarkeit von Schülern bzw. Lehrern in der verallgemeinerten Form. Selbstverständlich sind auch alle Schülerinnen und Lehrerinnen gemeint.

Stationsbeschreibung

Station 1 – Tierklassen befasst sich mit der Klassifizierung von Tieren. Näher betrachtet werden Säugetiere, Fische, Amphibien, Reptilien und Vögel, also die Wirbeltiere. Als Pendant können Sie von einigen Schülern den Stamm der Gliederfüßer wie Insekten, Krebs- und Spinnentiere nach einem ähnlichen Vorgehen beschreiben lassen. Die Worte und Bilder auf dem Ausschneidebogen müssen richtig auf dem Arbeitsblatt aufgeklebt werden um eine Übersicht der Wirbeltierklassen zu bekommen. Zusätzlich können mithilfe der Tierklassenkartei wichtige Begriffe unter der jeweiligen Klasse notiert werden. Ein Suchsel mit wichtigen Begriffen dient als spielerische Wiederholung. Außerdem können Ihre Schüler weitere Tierbeispiele sammeln und sie den einzelnen Tierklassen zuordnen.

Bei Station 2 – Tierfamilien lernen die Schüler die Bezeichnungen für weibliche und männliche Tiere sowie für Tierkinder innerhalb verschiedener Tierfamilien kennen. Die erste Aufgabe ist dreifach differenziert. Hier tragen die Schüler in einer Tabelle die richtigen Bezeichnungen ein und erhalten so eine Übersicht. Aufgabe zwei ist ein Partnerspiel zur Festigung der Bezeichnungen. Kopieren und laminieren Sie dieses mehrfach, können Sie einzelne Wort- und Bildkarten aus verschiedenen Sätzen entfernen und so das Spiel in unterschiedlichen Schwierigkeitsstufen anbieten.

Die Station 3 – Behausung schafft einen kleinen Einblick in unterschiedliche Behausungen der Tiere. Die leichteste Stufe konzentriert sich dabei auf die Wohnvoraussetzungen bei Haustieren, während die anderen Stufen sich daneben auch noch mit notwendigen Anschaffungen wie Futter und Spielzeugen beschäftigen.

Bei der Station 4 – Nutztiere und Haustiere lernen die Schüler zwischen den beiden Kategorien zu unterscheiden und typische Produkte von Nutztieren ausfindig zu machen. Vielleicht haben Sie sogar die Möglichkeit, mit Ihrer Klasse einen Bauernhof zu besichtigen oder Sie gehen im Supermarkt auf die Suche nach Produkten von Nutztieren wie Butter, Käse, Milch und Wurst. Hier können Sie den ***Tiersteckbrief*** einsetzen, indem Sie Steckbriefe von Haus- und Nutztieren anfertigen lassen. Hierbei besteht die Möglichkeit, die Antworten entweder in die Kästchen zu schreiben oder Bilder zu suchen und aufzukleben beziehungsweise selber zu malen. Lassen Sie doch einen Tiersteckbrief in Partner- oder Gruppenarbeit erstellen.

Station 5 – Meerschweinchenheft befasst sich mit Überlegungen, die vor dem Kauf angestellt werden müssen. Es geht sowohl um die Pflege des Meerschweinchens selber als auch um die Reinigung des Käfigs sowie die Fütterung und die Sprache des Tieres.

An der **Station 6 – Hase oder Kaninchen** erarbeiten Ihre Schüler die Unterschiede zwischen Feldhasen und Wildkaninchen mittels kurzer Texte inklusive Leseverstehensübungen. Diese übertragen die starken Schüler anschließend als Gegenüberstellung in eine Tabelle. Ein Kreuzworträtsel dient zur Festigung des Wissens. Das Suchsel ermöglicht nochmal eine Wiederholung der wichtigsten Begriffe der Station 6. Wer möchte, kann für die beiden Tiere einen Tiersteckbrief (S. 42 ff.) erstellen.

Station 7 – Tierspiele befasst sich mit dem Thema Haustiere. Das Memo-Spiel ist dreifach differenziert. Entweder finden die Schüler die gleichen Bildpaare oder sie suchen passende Bild- und Wortkarten, beziehungsweise nur Wortpaare – je nachdem, wie schwierig das Memo-Spiel sein soll. Entsprechend kopieren Sie je nach Bedarf einmal die Bildkarten und einmal die Wortkarten, zweimal die Bildkarten oder zweimal die Wortkarten. Das zweite Spiel – Haustierexperte – vermittelt auf spielerische Art und Weise viel Wissen durch die Beantwortung verschiedener Fragen zum Themenbereich. Der Fokus im Spielbereich wurde bewusst auf Haustiere gelegt, da hier der Kontakt zur Lebenswelt der Schüler am größten sein dürfte. Laminieren Sie Spielplan, Anleitung und Fragekarten, damit sie länger halten, oder kopieren Sie die Fragekarten auf dickeres Papier. Möglich ist es auch, jedem Schüler seine eigenen Fragekarten für das Spiel auszuhändigen, damit er sich eine Lernkartei anlegen kann. Die Motivation, diese Karten durchzuarbeiten, wird besonders groß sein, da man im Spiel so besser abschneiden kann. Besonders schnelle Schüler können darüber hinaus auch selbst noch eigene Fragekarten erstellen.

Übersicht über die Lernstationen

Station	Schwierigkeit	Ziel	Material	Hinweise
Station 1: Tierklassen		• Kategorisierung bzw. Klassifizierung von Tieren • Unterscheidungsmerkmale für Tierklassen erarbeiten • Beispieltiere den einzelnen Klassen zuordnen können • Begriffe wiederholen und suchen	• Schreibstift • Schere • Kleber	
Station 2: Tierfamilien		• Tierfamilien und die Bezeichnungen innerhalb einer Familie kennen-lernen	• Schreibstift • Schere • Kleber	• Spiel/Partnerarbeit
Station 3: Behausung		• Wohnraum von Tieren kennenlernen • Bezeichnungen für Tierbehausungen lernen • Bedürfnisse und Anforderungen von Haustieren an ihren Wohnort kennenlernen	• Schreibstift • Kleber • Schere • Buntstifte	
Station 4: Nutztiere und Haustiere		• typische Haus- und Nutztiere kennenlernen • den Unterschied zwischen Haus- und Nutztieren erkennen • Produkte von Nutztieren aufzählen und dem richtigen Tier zuordnen	• Schreibstift • Buntstifte	• Vorlage Tiersteckbrief (für alle Schüler verwendbar) liegt bei
Station 5: Meerschwein-chenheft		• sich der Pflege des Meerschweinchens bewusst werden • Kaufüberlegungen anstellen • die Futtergewohnheiten erarbeiten • sich mit der Sprache des Meerschweinchens auseinander setzen	• Schreibstift	
Station 6: Hase oder Kaninchen		• Unterschiede von Feldhase und Kaninchen erarbeiten • eine Gegenüberstellung erstellen • Begriffe wiederholen und suchen	• Schreibstift	
Station 7: Tierspiele		• Paare finden • Beantwortung von Fragen rund um das Thema Haustiere • Festigung von bereits vorhandenem Wissen • neues Wissen speichern	• Schere • Würfel • Spielfigur für jeden Spieler	• Spiel/Partner-/Gruppenarbeit

Tierklassen A (1)

- Klebe die Tierbilder richtig auf. (Ausschneidebogen)
  Vielleicht findest du noch andere Bilder in Zeitschriften zu jeder Tierart?
- Lies die Tierklassenkartei.
  Schreibe die wichtigsten Informationen zu jeder Tierart auf das Arbeitsblatt.

Tierklassen der Wirbeltiere

Fische

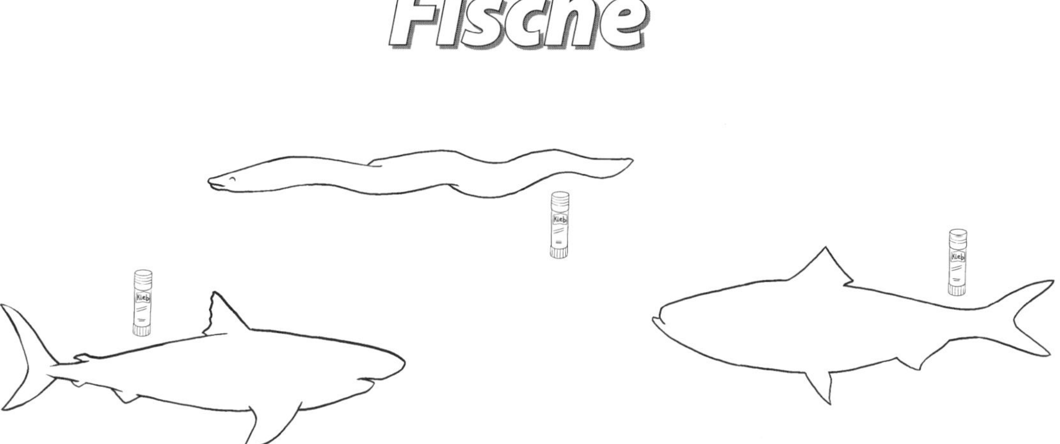

Wichtige Informationen:

Amphibien

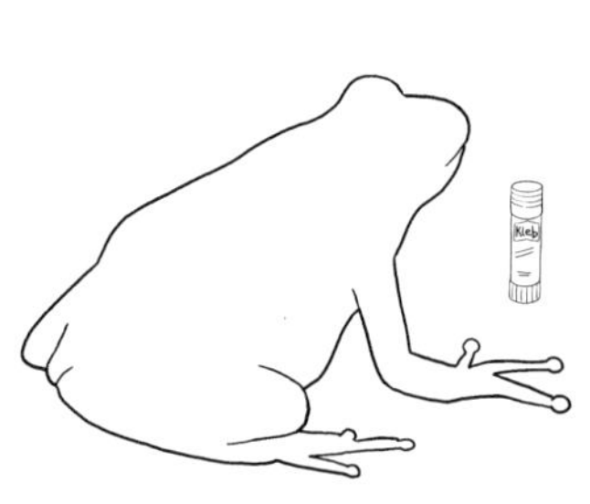

Wichtige Informationen:

Vögel

Wichtige Informationen:

Tierklassen

A (3)

Wichtige Informationen:

Wichtige Informationen:

Ausschneidebogen **B**

- Schneide die Tiere aus und klebe sie passend zu den Tierklassen auf das Arbeitsblatt „Tierklassen“.

Tierklassenkartei

C

- Lies dir die Texte sorgfältig durch. Ergänze auf dem Arbeitsblatt „Tierklassen“ zu jeder Tierklasse die wichtigsten Informationen.

- **Fische** leben im Wasser.
- **Fische** können unter Wasser atmen.

- **Amphibien** brauchen Wasser in der Nähe.
- **Amphibien** entwickeln sich von der Larve zum Tier.

- **Vögel** können häufig (aber nicht immer!) fliegen.
- **Vögel** haben Federn, Flügel und einen Schnabel.

- **Reptilien** heiβen auch Kriechtiere.
- **Reptilien** leben im Wasser und an Land.

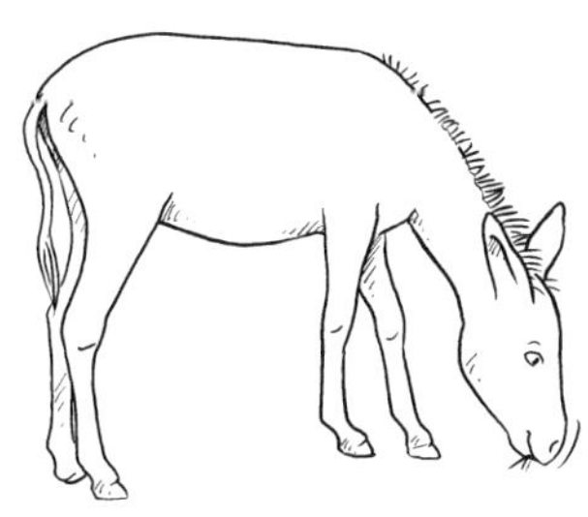

- **Säugetiere** säugen ihre Kinder mit Milch.
- **Säugetiere** haben ein Fell.

• Lies dir die Texte sorgfältig durch. Ergänze auf dem Arbeitsblatt „Tierklassen“ zu jeder Tierklasse die wichtigsten Informationen.

Fische:

- Fische leben im ***Wasser***.
- Mit ihren ***Kiemen*** können sie unter Wasser atmen.
- Sie legen Eier.
- Fische sind entweder Pflanzen-, Fleisch- oder Allesfresser.

Amphibien:

- Amphibien leben an Land und im Wasser.
- Amphibien entwickeln sich von einer Larve zum Tier.
- Als Larve fressen sie Pflanzen, als ausgewachsenes Tier oft Fleisch.

Vögel:

- Vögel haben ***Federn, Flügel*** und einen ***Schnabel*** ohne Zähne.
- Sie bauen Nester und legen ***Eier***.
- Nicht alle Vögel können fliegen. Der Pinguin kann dafür gut schwimmen.
- Vögel leben in der Luft, in Bäumen und auch auf dem Boden.
- Sie sind entweder Pflanzen-, Fleisch- oder Allesfresser.

Reptilien:

- Man nennt Reptilien auch ***Kriechtiere***.
- Reptilien haben eine ***Haut aus Hornschuppen***.
- Sie leben an Land und im Wasser.
- Die meisten Reptilien sind Fleischfresser.

Säugetiere:

- Säugetiere bringen ihre Jungen lebend zur Welt.
- Sie ***säugen*** ihren Nachwuchs mit Milch.
- Sie haben ein ***Fell*** mit Haaren (eine Ausnahme bildet der Wal).
- Säugetiere können an Land, im Wasser und in der Luft leben.
- Sie sind entweder Fleisch-, Pflanzen- oder Allesfresser.

Station 1 Tierklassenkartei

C

- Lies dir die Texte sorgfältig durch. Ergänze auf dem Arbeitsblatt „Tierklassen“ zu jeder Tierklasse die wichtigsten Informationen.

Fische leben im Wasser. Sie atmen mit ihren Kiemen, indem sie dem Wasser Luft entnehmen. Sie legen Eier. Fische haben Flossen, mit denen sie Richtung und Geschwindigkeit beim Schwimmen bestimmen können. Sie fressen Plankton oder andere Wassertiere.

Amphibien leben an Land und im Wasser. Das verrät schon ihr Name. Der kommt aus dem Griechischen und heißt übersetzt „doppellebig“. Kennzeichnend für Amphibien ist ihre Wandlung, die sie in ihrem Leben vollziehen. Sie entwickeln sich von einer Larve zum Tier. Das nennt man Metamorphose. Als Larve fressen sie Pflanzen, als ausgewachsenes Tier oft Fleisch.

Vögel haben Federn, Flügel, einen Schnabel ohne Zähne und legen Eier. Nicht alle Vögel können fliegen. Der Strauß zum Beispiel kann sehr schnell rennen und der Pinguin ist ein ausgezeichneter Schwimmer. Während der Mauser wechseln Vögel ihr Gefieder. Vögel leben in der Luft, in Bäumen, Sträuchern und auf dem Boden. Sie bauen Nester, um ihre Eier auszubrüten. Vögel sind entweder Pflanzen-, Fleisch- oder Allesfresser.

Reptilien ist eine lateinische Bezeichnung und bedeutet kriechend. Deshalb sagt man auch Kriechtiere. Reptilien haben eine Haut aus Hornschuppen. Diese wächst das ganze Leben. Manche Reptilien häuten sich deshalb ab und an, denn ihre Haut wächst nicht mit und wird zu klein. Reptilien leben an Land und im Wasser. Sie können gut schwimmen und meistens auch gut klettern. Reptilien ernähren sich überwiegend von Fleisch, nur ein paar Reptilien sind Pflanzenfresser. Die meisten Reptilien legen Eier.

Säugetiere säugen ihren Nachwuchs mit Milch. Das unterscheidet sie von allen anderen Tierklassen. Sie haben ein Fell mit Haaren (eine Ausnahme bildet der Wal). Ihre Körpertemperatur ist gleichwarm, sodass sie unabhängig von der Umgebungstemperatur sind. Ihr Fell hilft ihnen dabei, die Körpertemperatur gleichzuhalten. Säugetiere sind lebendgebärend, das heißt, sie bringen (bis auf ein paar Ausnahmen) ihre Jungen lebend zur Welt. Säugetiere können an Land, im Wasser und in der Luft leben. Säugetiere können Fleisch-, Pflanzen- oder Allesfresser sein.

Suchsel **D**

- Hier haben sich 20 wichtige Begriffe zu den Tierklassen versteckt. Findest du sie alle? Suche waagerecht und senkrecht.

A	m	p	h	i	b	i	e	n	F	g	r	i	u	F
F	s	M	e	t	a	m	o	r	p	h	o	s	e	i
l	g	ä	u	S	c	h	n	a	b	e	l	s	d	s
e	l	H	A	K	i	e	m	e	n	K	Q	u	A	c
i	e	o	F	g	A	u	ä	ü	t	r	m	n	l	h
s	i	r	F	f	g	z	S	t	j	i	ü	h	l	e
c	c	n	l	m	f	s	ä	l	i	e	J	r	e	F
h	h	s	o	n	D	r	u	R	e	c	E	f	s	S
f	w	c	s	V	V	ö	g	e	l	h	K	H	f	L
r	a	h	s	e	E	i	e	r	m	t	N	ö	r	a
e	r	u	e	R	e	p	t	i	l	i	e	n	e	r
s	m	p	n	p	A	w	i	ä	v	e	f	t	s	v
s	S	p	s	ä	u	g	e	n	m	r	F	G	s	e
e	h	e	c	h	F	r	r	A	F	e	l	l	e	a
r	e	n	F	l	ü	g	e	l	F	e	d	e	r	n

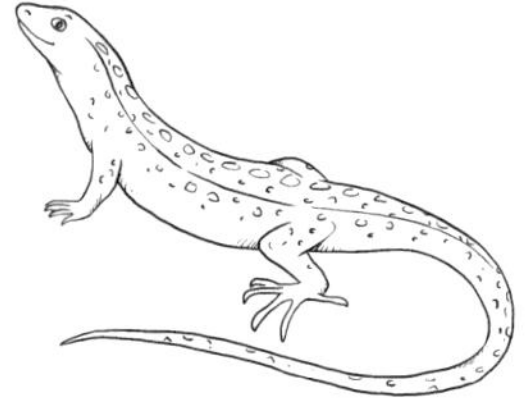

Tierzuordnung

D

- Kennst du alle Tierklassen?
  Ordne die verschiedenen Tiere den Tierklassen zu, indem du sie mit unterschiedlichen Farben verbindest.

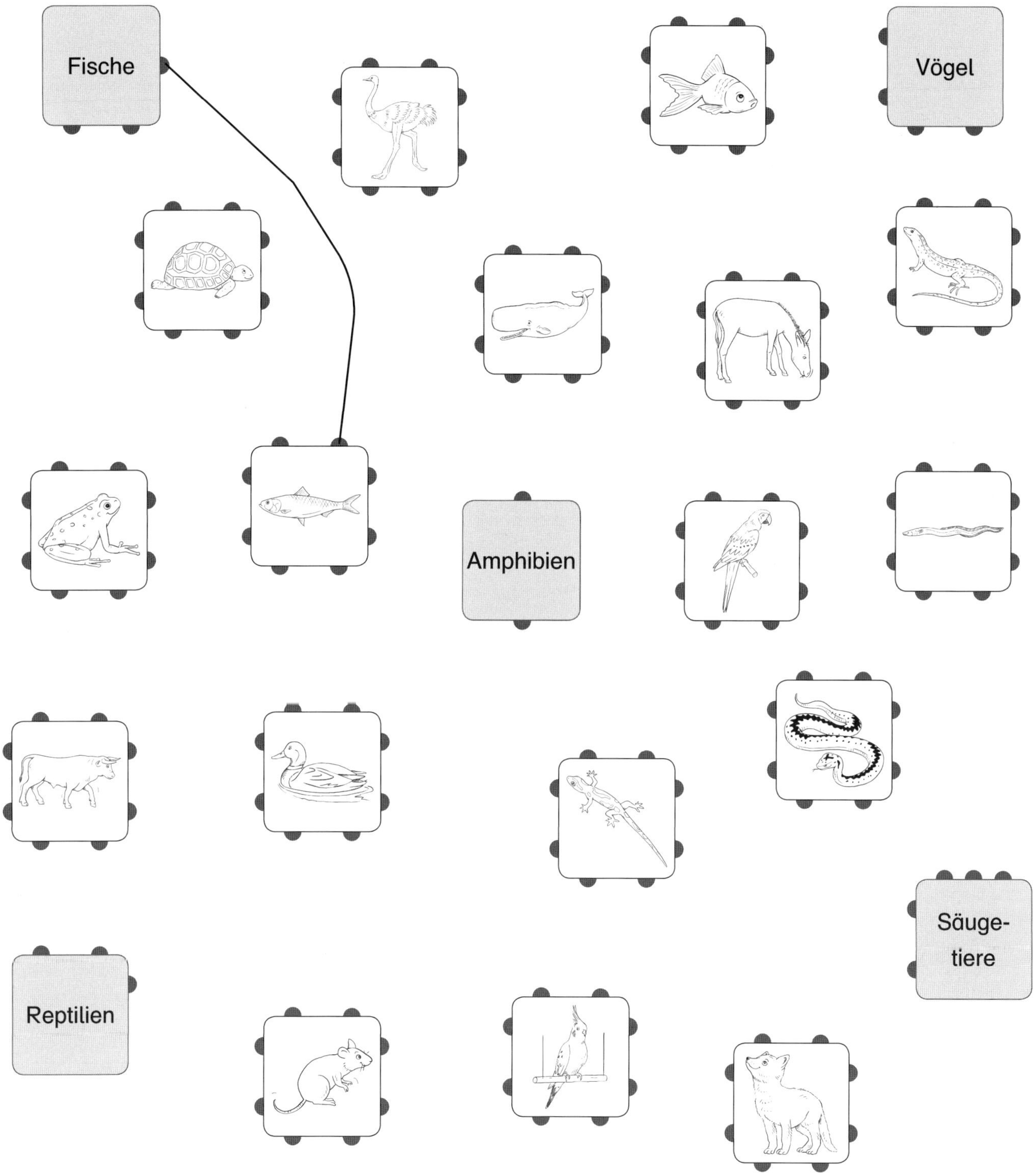

Fische

Vögel

Amphibien

Säuge-
tiere

Reptilien

Tierfamilien **A(1)**

- Schneide die Bilder vom Arbeitsblatt *Bildkarten* aus und klebe sie in die Tabelle.

Tierfamilie Haustiere	Vater	Mutter	Kind
Hund			
Katze			

Tierfamilie Wildtiere	Vater	Mutter	Kind
Hirsch			
Fuchs			
Wildschwein			
Elch			

Tierfamilien **A (2)**

Tierfamilie Bauernhof	Vater	Mutter	Kind
Rind			
Pferd			
Esel			
Schwein			
Schaf			
Ziege			
Huhn			
Ente			
Gans			

Tierfamilien **A(1)**

- Ergänze die fehlenden Begriffe (Seite 2).

Tierfamilie Haustiere	Vater	Mutter	Kind
Hund			
Katze			
Kaninchen		Zibbe	-----
Fische	Milchner	Rogner	Larve

Tierfamilie Wildtiere	Vater	Mutter	Kind
Hirsch			
Fuchs	Rüde	Fähe	
Wildschwein			
Elch	Bulle/Schaufler		

Tierfamilien

A (2)

Tierfamilie Bauernhof	Vater	Mutter	Kind
Rind			
Pferd			
Esel	Hengst		
Schwein			
Schaf		Aue/Zibbe	
Ziege			Kitz/Zicklein
Huhn			
Ente			
Gans			

Vater

Rüde Hengst Rammler ~~Milchner~~ Hirsch ~~Rüde~~ Keiler Stier/Bulle ~~Hengst~~ Eber Hahn Erpel/Enterich Gänserich/Ganter Kater ~~Bulle/Schaufler~~ Widder/Schafbock Hahn Milchner Keiler Ziegenbock

Mutter

Zibbe Katze Geiß/Zicke ~~Gans~~ Stute Rogner Hündin Stute Hirschkuh Elchkuh Bache Kuh Sau ~~Aue/Zibbe~~ Henne/Huhn Ente ~~Fähe~~

Kind

Welpe Entenküken Fohlen ~~Hirschkalb~~ Küken Kalb Lamm Elchkalb ~~Larve~~ Fohlen Kätzchen/Junges Welpe Frischling Ferkel Küken ~~Kitz/Zicklein~~

Tierfamilien **A(1)**

- Ergänze die fehlenden Begriffe (Seite 2).

Tierfamilie Haustiere	Vater	Mutter	Kind
Hund			
Katze			
Kaninchen			-----
Fische			

Tierfamilie Wildtiere	Vater	Mutter	Kind
Hirsch			
Reh			
Fuchs			
Wildschwein			
Elch			
Biene			

Tierfamilien A (2)

Tierfamilie Bauernhof	Vater	Mutter	Kind
Rind			
Pferd			
Esel			
Schwein			
Schaf			
Ziege			
Huhn			
Ente			
Gans			

Vater
Rüde Hahn Hirsch Stier/Bulle Ziegenbock Drohne Hengst Milchner
Kater Rammler Erpel/Enterich Rehbock Keiler Rüde
Bulle/Schaufler/Stangler Hengst Eber Widder/Schafbock Gänserich/Ganter

Mutter
Königin Stute Rogner Kuh Henne/Huhn Hündin Gans Hirschkuh
Katze Geiß/Zicke/Zibbe Ricke/Geiß Fähe Stute Zibbe Sau Bache
Elchkuh Aue/Zibbe Ente

Kind
Welpe Küken Fohlen Hirschkalb Kitz Kätzchen/Junges Welpe
Jungmade Fohlen Larve Küken Elchkalb Frischling Kalb Ferkel
Lamm Entenküken Kitz/Zicklein

Bildkarten **B (1)**

- Schneide die Bildkarten aus. 

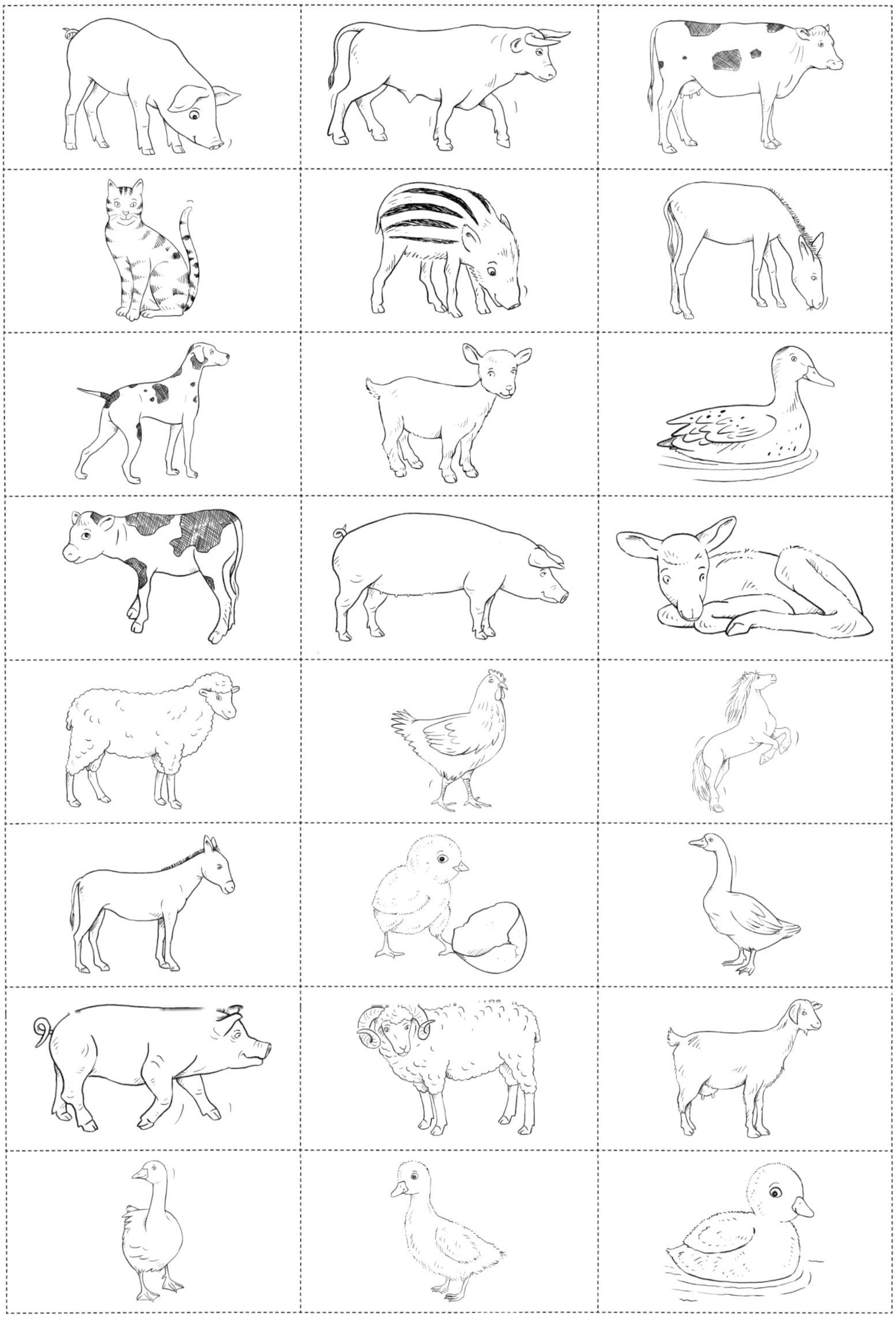

Bildkarten B (2)

Wortkarten **C (1)**

- Schneide die Wortkarten aus. 

Rüde	Hündin	Welpe
Kater	Katze	Junges
Hirsch	Hirschkuh	Hirschkalb
Bulle	Elchkuh	Elchkalb
Rüde	Fähe	Welpe
Keiler	Bache	Frischling
Stier	Kuh	Kalb

Hengst	Stute	Fohlen
Hengst	Stute	Fohlen
Eber	Sau	Ferkel
Widder	Zibbe	Lamm
Ziegenbock	Geiß	Zicklein
Hahn	Henne	Küken
Erpel	Ente	Entenküken
Ganter	Gans	Küken

Lege-Quiz **D**

Lege eine passende Wortkarte in die Tabelle. Dein Partner muss nun die passende Bildkarte dazu in die Tabelle legen. Ihr könnt euch dabei natürlich auch abwechseln, sodass jeder mal eine Bildkarte und mal eine Wortkarte hinlegt.

Oder fügst du vielleicht erst alle Wortkarten der Tierfamilie ein und dein Partner dann alle Bildkarten? Ihr könnt hier gerne kreativ werden und eure eigenen Regeln ausdenken.

Tierfamilie		
Vater	**Mutter**	**Kind**

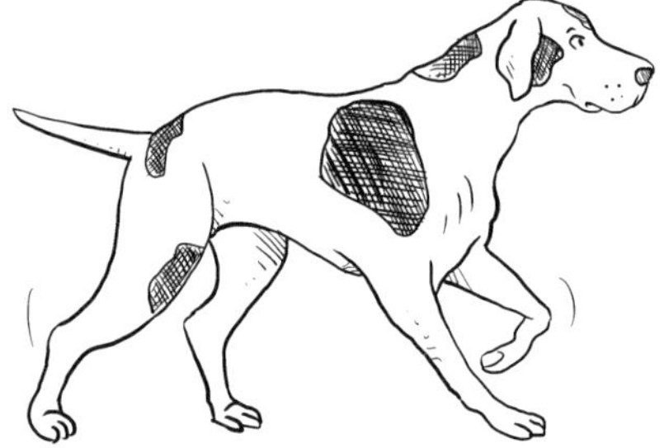

Wo leben die Tiere? A

- Welches Tier wohnt hier? Male oder schreibe es in den Kasten. 

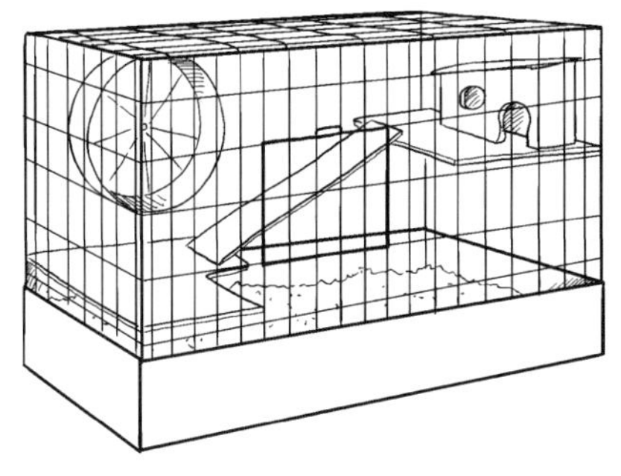

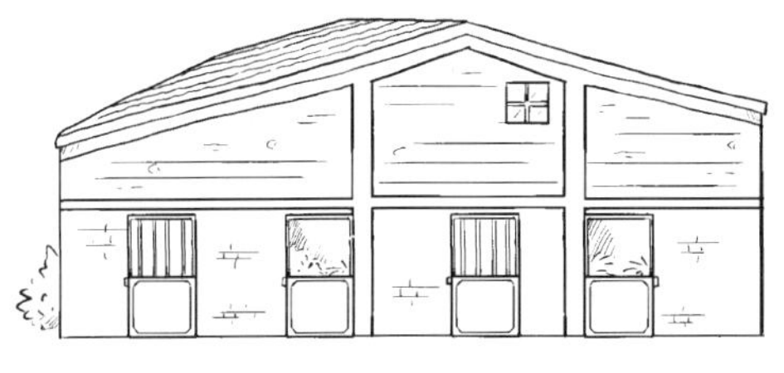

Wo leben die Tiere? **A**

- Wo leben die Tiere? Schreibe auf.

Dachse leben in einem ________________ unter der Erde.

Adler leben in einem ________________ in den Bergen.

Kanarienvögel kommen von den kanarischen Inseln, bei uns leben sie aber in einem ________________.

Meerschweinchen leben in einem ________________.

Amseln leben in einem ________________ im Baum.

Schweine leben in einem ________________ auf dem Bauernhof.

Pferde leben in einer ________________ oder auf der ________________.

Bienen leben in einem ________________ bei einem Imker.

Tauben leben in einem ________________.

Schlangen leben im Haus in einem ________________.

Ameisen leben in einem ________________ im Wald.

Fische leben im ________________, im ________________ oder zu Hause im ________________.

Terrarium Schlag Stock Aquarium Weide Staat/Haufen Vogelkäfig
Bau Stall Käfig Meer Horst Nest Box Teich

Was brauchen die Tiere? **B**

- Zu welchem Tier gehört was? Verbinde! 

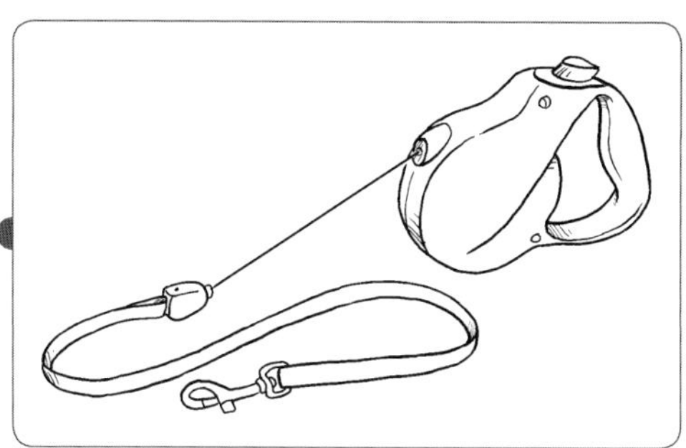

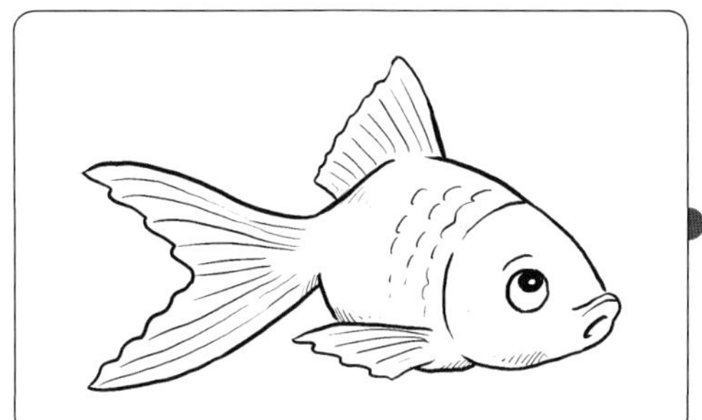

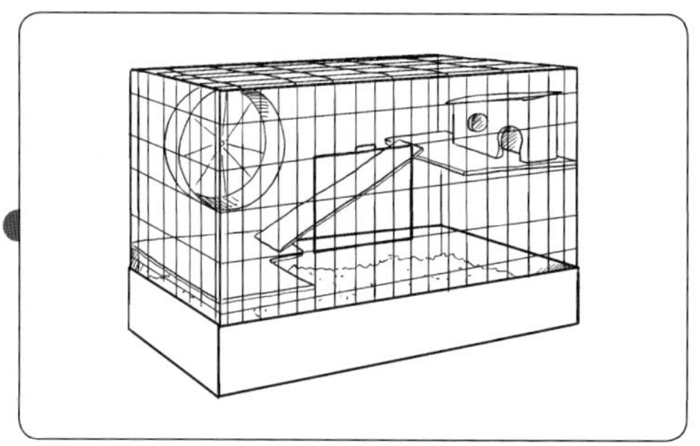

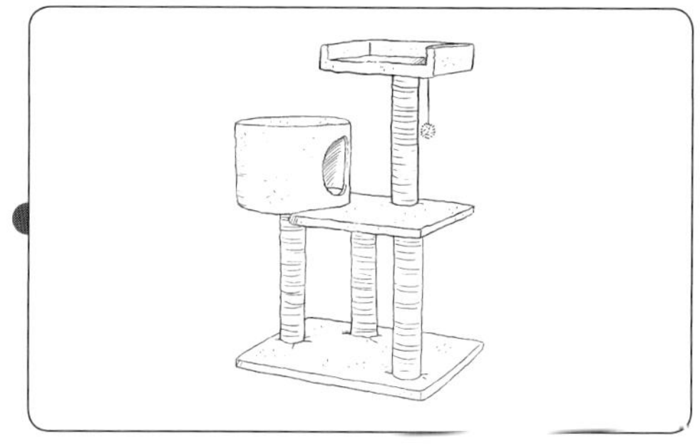

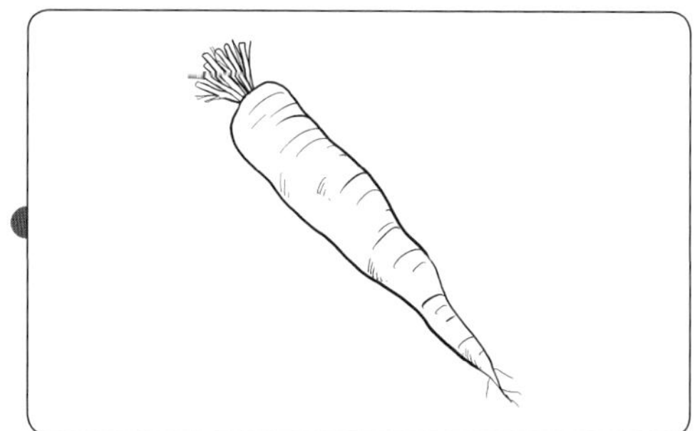

Was brauchen die Tiere?

B  

- Weißt du, was die Tiere in ihren Behausungen brauchen? Verbinde die richtigen Begriffe mit den Tieren.
- Achtung: Es können mehrere Gegenstände zu einem Tier gehören! Manche Begriffe lassen sich aber auch mehreren Tieren zuordnen!

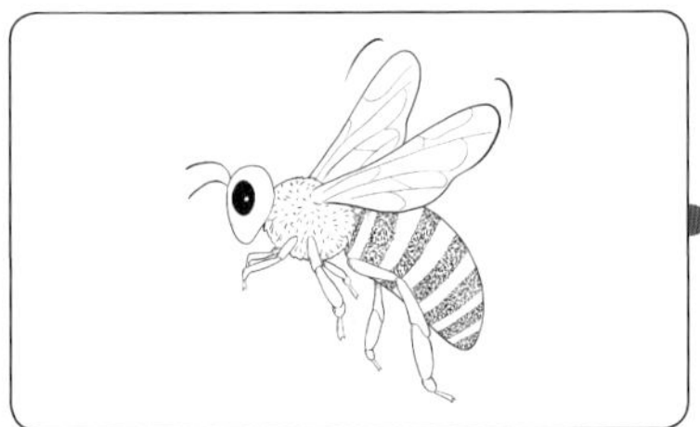

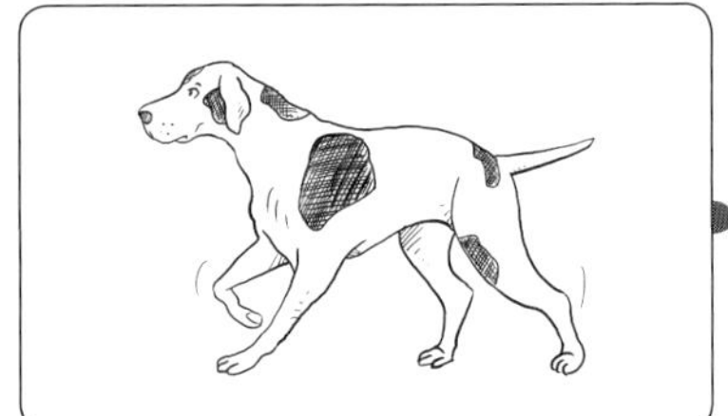

- Bienenstock
- Aquarium
- Blumen
- Wasserfilter
- Vogeltränke
- Wassernapf
- Weide
- Wasserpflanzen/ Steine zum Verstecken
- Katzengras
- Körbchen
- Stall
- Kratzbaum
- Spielzeug
- Vogelkäfig
- Stroh
- Hundeleine
- Sitzstange
- Kauknochen

Station 3 – Kanarienvogel Karlchen C

Lange Zeit hat Ruben seine Mutter immer wieder darum gebeten, doch endlich ein Haustier anzuschaffen. Ruben hätte am liebsten einen Hund, aber das ist in der kleinen Wohnung, in der die beiden leben, einfach nicht möglich. Es wäre einfach zu eng! Eines Tages sitzt vor dem Fenster ein Kanarienvogel. „Nanu, wo kommst du denn her?“, fragt Rubens Mutter und öffnet das Fenster. Anstatt wegzufliegen, fliegt der Kanarienvogel schnurstracks in die Wohnung.

Nach der ersten Verwunderung machen sich Ruben und seine Mutter daran, den Besitzer des Kanarienvogels zu suchen, doch ohne Erfolg! Da macht Rubens Mutter einen Vorschlag: „So ein Vogel ist ja klein … Wenn du mir versprichst, dich um alles zu kümmern, darfst du ihn als Haustier behalten.“ Natürlich ist Ruben einverstanden und macht sich gleich daran, herauszufinden, was ein Kanarienvogel so alles braucht. Karlchen, so nennt er den Vogel, darf es ja schließlich an nichts fehlen!

- Kannst du Ruben helfen? Schreibe eine Einkaufsliste mit allen Dingen, die Ruben braucht, um Karlchen ein schönes Zuhause zu schaffen.

Einkaufszettel

___

___

___

___

___

___

Haustiere **A**

Haustiere sind Tiere, die bei uns Menschen im Haus leben. Sicherlich fallen dir sofort eine Menge Haustiere ein. Vielleicht hast du selber ein Haustier?

- Male oder schreibe alle Haustiere auf, die du kennst.

Haustiere

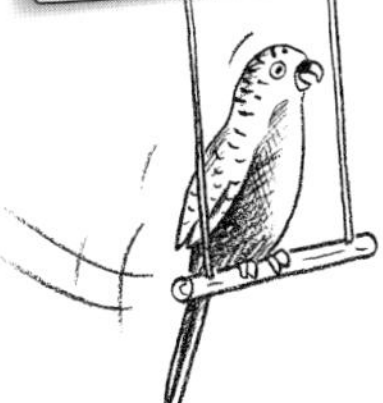

Haustiere sind Tiere, die bei uns Menschen im Haus leben.
Sicherlich fallen dir sofort eine Menge Haustiere ein.
Vielleicht hast du selber ein Haustier?

- Beschreibe dein Haustier.
  Tipp: Wenn du kein eigenes Haustier hast, beschreibe einfach dein Lieblingshaustier.

Mein Haustier heißt ______________________________

Es ist ein(e) ______________________________

Am liebsten frisst es ______________________________

Am liebsten trinkt es ______________________________

Am liebsten spielt es mit ______________________________

Es wohnt in ______________________________

Ich mag es, weil ______________________________

- Welches Haustier würdest du gerne haben?
  Male dein Lieblingshaustier oder dein eigenes.

Nutztiere **B**

Nutztiere sind Tiere, die auf dem Bauernhof leben und dem Menschen nützlich sind.

- Gänse sind Nutztiere. Sie geben Eier und Federn.
  Fallen dir weitere Nutztiere ein?

Verbinde jedes Tier mit seinem Produkt.

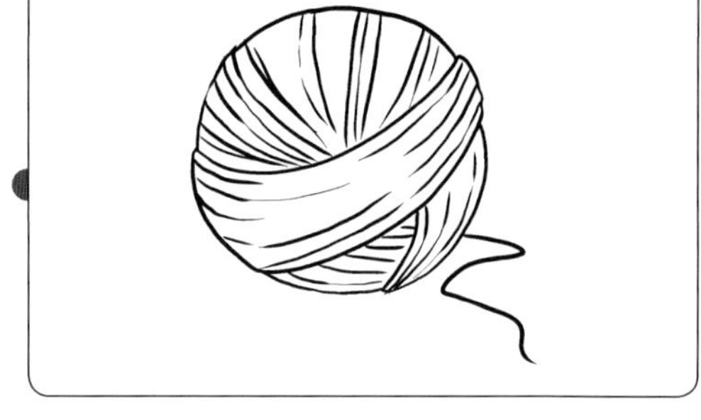

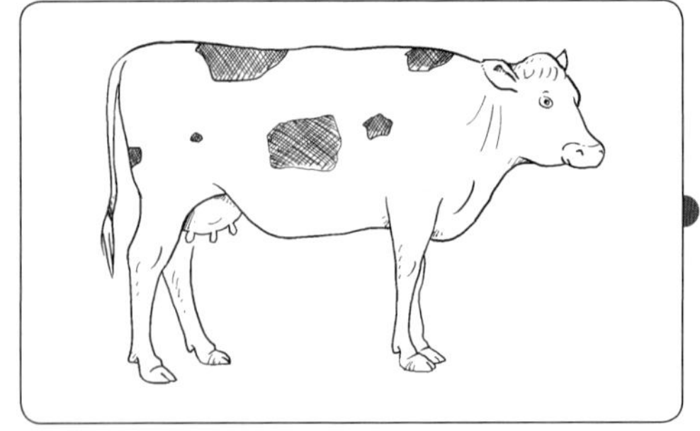

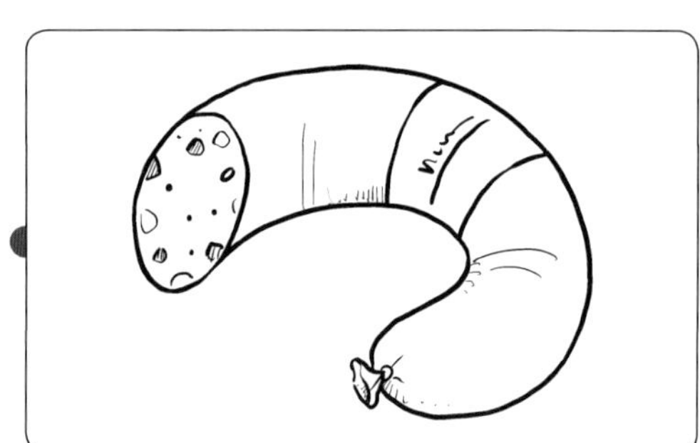

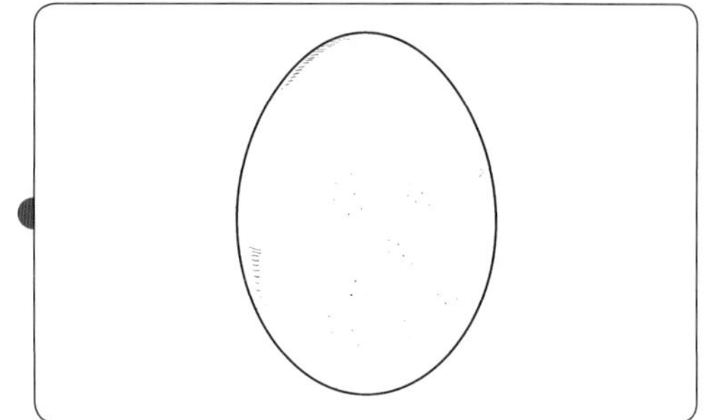

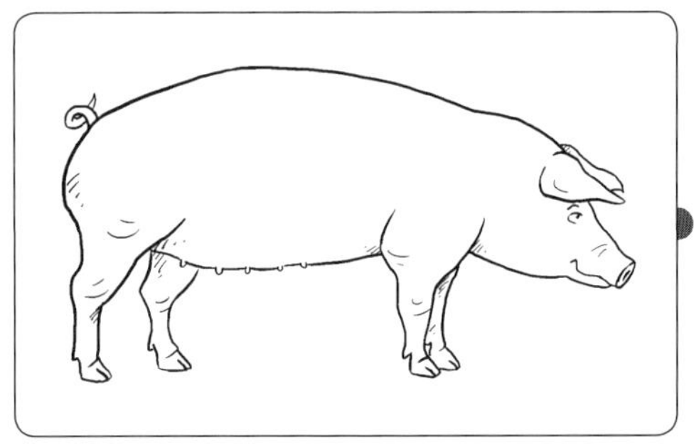

Nutztiere **B**

Nutztiere sind Tiere, die auf dem Bauernhof leben und dem Menschen nützlich sind.

- Gänse sind Nutztiere. Sie geben Eier und Federn.
  Fallen dir weitere Nutztiere ein?

Ergänze die Sätze. Die Wörter unten helfen dir.

Hühner ________________________________

Kühe ________________________________

Schafe ________________________________

Ein Esel ________________________________

Schweine ________________________________

geben Milch und liefern Fleisch sowie Leder.

legen Eier und liefern Fleisch.

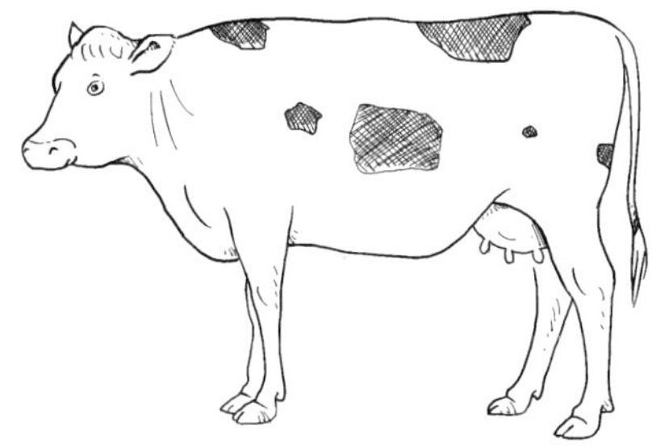

liefern Wolle und Fleisch.

trägt schwere Lasten.

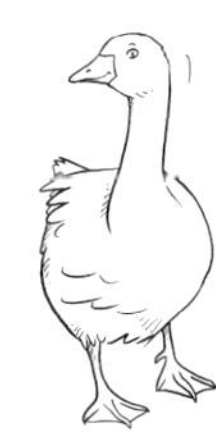

liefern Fleisch.

Station 4 Haustier? Nutztier? C

- Kreuze nur die Haustiere an!

☐ Hund

☐ Hirsch

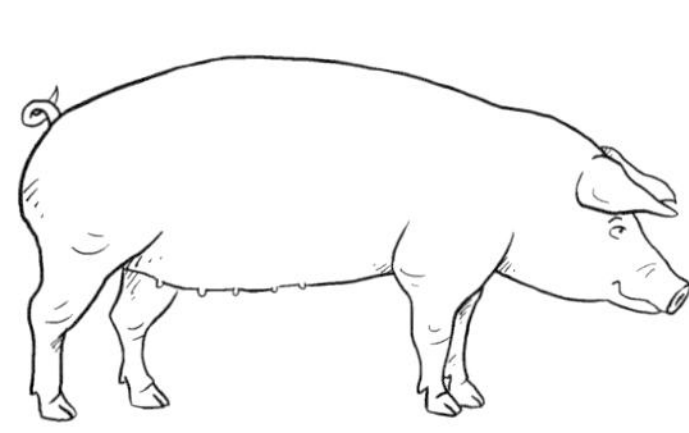

☐ Schwein

☐ Hamster

☐ Pferd

☐ Katze

- Kreuze nur die Nutztiere an!

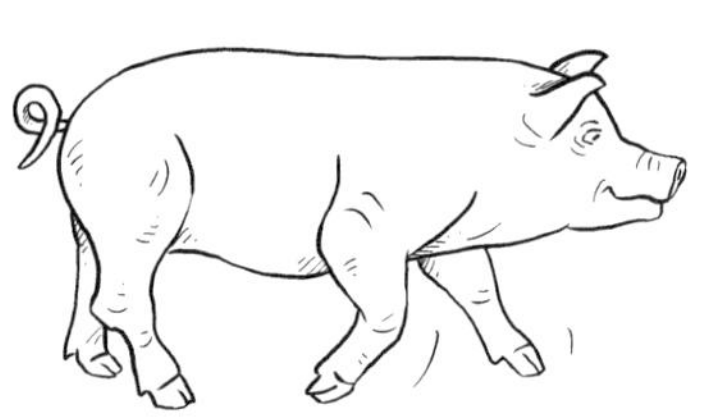

☐ Schwein

☐ Meerschweinchen

☐ Maus

☐ Schaf

☐ Huhn

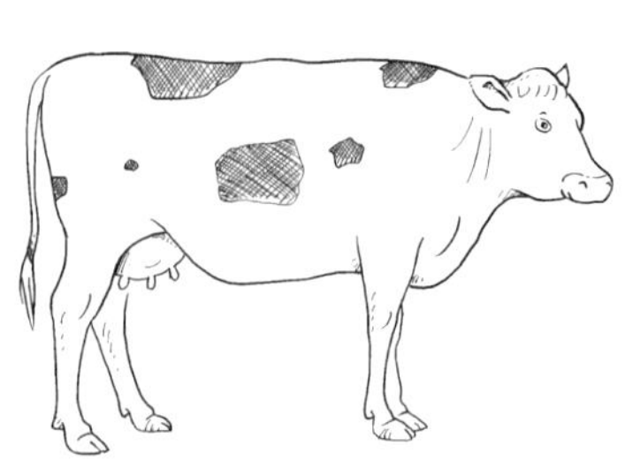

☐ Kuh

Haustier? Nutztier? **C**

- Kreuze die Haustiere an!

☐ Hund	☐ Hirsch	☐ Hamster
☐ Schwein	☐ Katze	☐ Pferd
☐ Schwan	☐ Wildschwein	☐ Goldfisch
☐ Kuh	☐ Ente	☐ Wolf

- Kreuze die Nutztiere an.

☐ Schaf	☐ Gans	☐ Hirsch
☐ Schwein	☐ Hund	☐ Pferd
☐ Meerschweinchen	☐ Katze	☐ Wildschwein
☐ Kuh	☐ Ente	☐ Huhn

Haustier? Nutztier?

C (1)

Was sind eigentlich Haustiere?
Haustiere sind Tiere, die beim Menschen zum Vergnügen im oder am Haus gehalten werden. Sie dienen also keinem speziellen Nutzen und tragen auch nicht zur Produktion von Nahrung oder Kleidung bei.

Was sind eigentlich Nutztiere?
Es gibt zwei Definitionen für Nutztiere:

1) Ein Tier ist dann ein Nutztier, wenn es zu dem Zweck gehalten wird oder in der Vergangenheit gehalten wurde, um dem Menschen durch seine Kraft und seine Fähigkeiten zu helfen. Nutztiere ziehen also zum Beispiel Kutschen oder treiben eine Mühle zum Mehlmahlen an.
2) Ein Tier ist dann ein Nutztier, wenn es zu dem Zweck gehalten wird oder in der Vergangenheit gehalten wurde, um Produkte wie Wolle, Milch, Fleisch und Eier zu erhalten.

- Kreuze an, ob es sich bei den genannten Tieren um ein Haustier oder um ein Nutztier handelt.

Tier	Haustier	Nutztier
1. Pferd	☐	☐
2. Katze	☐	☐
3. Hund	☐	☐
4. Schwein	☐	☐
5. Huhn	☐	☐
6. Hamster	☐	☐
7. Kanarienvogel	☐	☐
8. Gans	☐	☐
9. Schaf	☐	☐
10. Esel	☐	☐
11. Kaninchen	☐	☐
12. Papagei	☐	☐
13. Ziege	☐	☐
14. Meerschweinchen	☐	☐
15. Kuh	☐	☐
16. Maus	☐	☐

Haustier? Nutztier? C (2)

„Das Huhn ist ein Nutztier, denn es legt Eier, die wir essen." „Der Hamster ist ein Haustier, denn er wohnt zu Hause in einem Käfig." – Eigentlich ist die Unterscheidung von Haus- und Nutztieren gar nicht so schwer.

Aber was ist zum Beispiel mit Hunden? Hunde sind meistens Haustiere, das stimmt, aber manchmal dienen sie wichtigen Zwecken – zum Beispiel als Blindenhund oder Sprengstoffspürhund. Auch andere Tiere haben Fähigkeiten, die der Mensch sich zunutze macht.

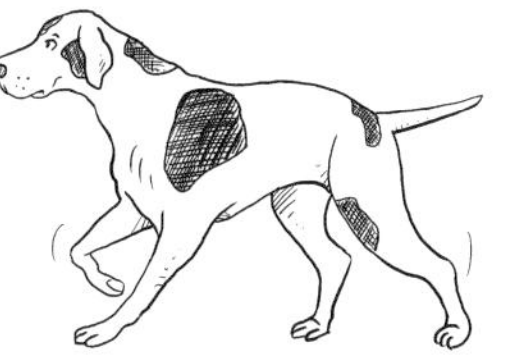

- Überlege dir, welche Tiere für den Menschen auch einen Nutzen haben, auch wenn sie meist als Haustier gehalten werden. Schreibe sie auf. Notiere auch ihren Nutzen.
- Überlege dir, welche Tiere vom Menschen zwar zumeist als Nutztier gehalten werden oder wurden, die aber auch Haustiere sein können. Schreibe sie auf.

Haustiere, die auch einen Nutzen für den Menschen haben:

Nutztiere, die auch Haustiere sein können:

Knobelaufgabe D

• Wie heißt das Tier? Schreibe die Wörter richtig in die Kästen. 

P r f d e

i d R n

c h w i S e n

K t z e a

a H s t m e r

s l E e

c S h a f

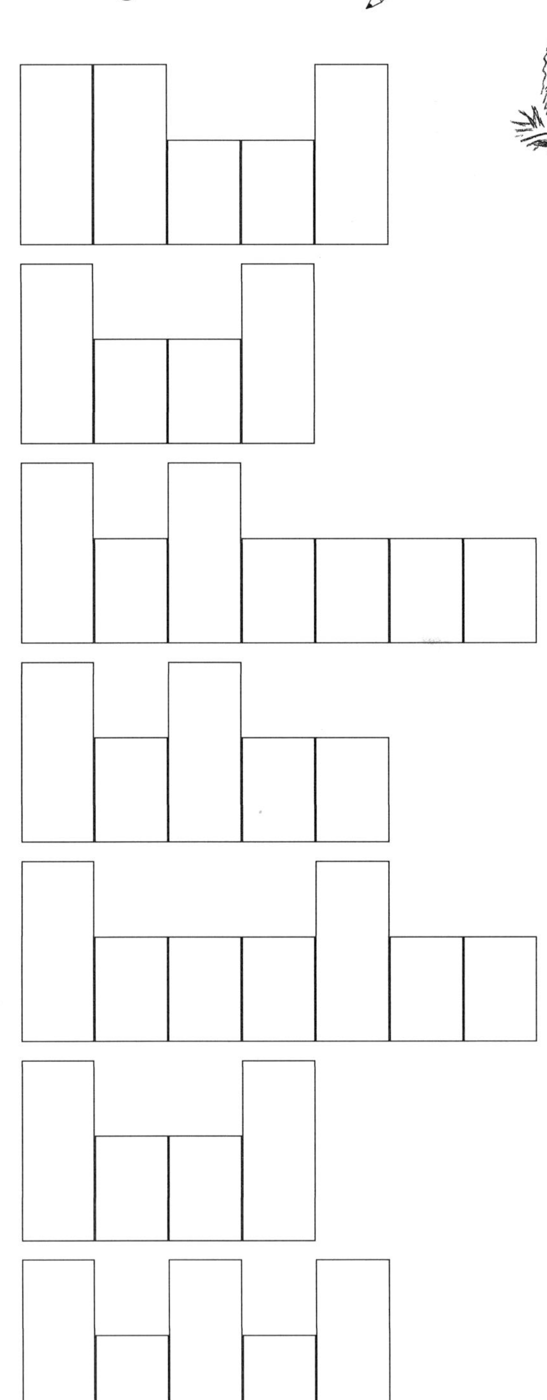

Tiersteckbrief **E**

Mein ______________________________ Steckbrief

Foto

Wie alt kann das Tier werden?

____

Was braucht das Tier alles?
(Käfig, Bürste, Tränke, ...)

Was frisst das Tier?

Was trinkt das Tier?

Tiersteckbrief **E**

Was darf das Tier nicht fressen und trinken?

Wie wird es gepflegt?

Mein Tier ist

☐ nachtaktiv

☐ tagaktiv

Mein Tier lebt gerne

☐ alleine

☐ gesellig

Was du sonst noch wissen musst.

Meerschweinchen-Lückentext

A

- Was weißt du alles über Meerschweinchen?

Meerschweinchen sind gesellige ______________________________.

Sie leben in der freien Natur in __________________________ zusammen.

Meerschweinchen stammen aus ______________________________.

Ihre Fellfarbe ist normalerweise ______________________________.

Heute gibt es Meerschweinchen in vielen verschiedenen ________________, wie braun, weiß und schwarz.

Ein Meerschweinchen als ______________________ zu halten, bedeutet eine große Verantwortung.

Haustier	grau	Gruppen	Farben
Südamerika	Tiere		

Meerschweinchenkauf **B**

Wichtige Informationen vor dem Meerschweinchenkauf

1. Meerschweinchen können 10 Jahre alt werden. So lange musst du gut für das Tier sorgen.
2. Dein Meerschweinchen braucht einen Käfig zum Wohnen. Je größer dieser ist, umso glücklicher ist dein Meerschweinchen. Große Käfige sind aber teuer. Über ein kleines Haus im Käfig, in das sich das Meerschweinchen zurückziehen kann, und etwas Spielzeug freut es sich auch.
3. Die Reinigung des Käfigs braucht viel Zeit. Das musst du in deinen Tagesplan einplanen. Alle zwei bis drei Tage solltest du den Käfig gründlich reinigen.
4. Das Meerschweinchen braucht täglich frisches Futter und Wasser. Daran musst du immer denken. Dafür musst du auch einen Napf und eine Tränke kaufen.
5. Wenn du dein Meerschweinchen frei im Zimmer laufen lässt, beachte, dass es Möbel anknabbern kann oder Pipi auf den Boden macht.
6. Meerschweinchen sind gesellige Tiere. Du solltest also immer zwei Meerschweinchen halten. Sie brauchen außerdem viel Zuwendung. Spiele jeden Tag mit ihnen.
7. Manchmal wird dein Meerschweinchen krank. Dann musst du es zum Tierarzt bringen. Auch das kann sehr teuer werden.

- Beantworte die Fragen.

Wie alt können Meerschweinchen werden?

____

Wie oft musst du den Käfig sauber machen?

____

Wie oft musst du mit dem Meerschweinchen spielen?

____

Was kann passieren, wenn das Meerschweinchen in der Wohnung frei herumläuft?

____

____

____

Pflege des Meerschweinchens

Zähne

Meerschweinchen gehören zu den Nagetieren. Ihre Zähne wachsen ein Leben lang nach und müssen deshalb durch Nagen ständig abgenutzt werden. Hartes Futter wie Brot oder Zweige sollten also für das Meerschweinchen immer zur Verfügung stehen.

Krallen

Die Krallen wachsen sehr schnell. Oft wachsen sie schneller, als sie abgenutzt werden können. Dann musst du sie schneiden, denn die Krallen stören das Meerschweinchen beim Laufen. Da das Schneiden nicht so einfach ist, solltest du es dir von einem Tierarzt zeigen lassen, bevor du es das erste Mal selber machst.

Fell

Meerschweinchen putzen sich selber. Da es aber ein geselliges Tier ist, mag es das Meerschweinchen gerne, wenn du es vorsichtig bürstest. Kurzhaarige Meerschweinchen musst du während des Haarwechsels im Frühjahr und Herbst täglich bürsten. Langhaarige Meerschweinchen brauchen ständige Pflege, damit sich ihr langes Fell nicht verknotet.

Auslauf

Meerschweinchen sind auch gerne an der frischen Luft. Dazu kannst du dir draußen ein Freigehege einzäunen. Gib verschiedene Sachen zum Spielen in das Gehege, baue eine Wippe oder andere Dinge zum Erkunden. Meerschweinchen entdecken gerne Neues. Wenn du nicht in der Nähe des Freigeheges bist, decke es mit einem Maschendraht ab, damit keine anderen Tiere wie zum Beispiel Vögel hineinkommen.

Hausputz

Einmal am Tag bekommt dein Meerschweinchen frisches Futter. Reinige dazu die Futternäpfe von dem alten Futter, bevor du frisches hineingibst. Lege auch immer genug Heu in die Schlafecke und achte auf frisches Wasser. Ungefähr jeden zweiten Tag musst du frische Streu in den Käfig geben. Einmal in der Woche musst du den kompletten Käfig mit Wasser auswaschen und sauber machen.

Pflege C (2)

- Worauf muss man achten? Ergänze.

1. Meerschweinchen brauchen ______________________, damit die Zähne abgerieben werden, die sonst zu lang würden.
2. Wenn die Krallen zu lang sind, muss man sie schneiden. Beim ersten Mal solltest du dir dies von einem ______________________ zeigen lassen.
3. Meerschweinchen putzen sich selber, mögen es aber auch, gebürstet zu werden. Im ______________________ und ______________________ muss man auch kurzhaarige Meerschweinchen täglich bürsten.
4. Meerschweinchen sind gerne an der frischen Luft.

   Dafür kannst du ein ______________________ einzäunen.

   Wenn du nicht in der Nähe bist, musst du das Gehege von oben am besten mit einem ______________________ abdecken.
5. Meerschweinchen brauchen jeden Tag ______________________ und ______________________.

   Den kompletten Käfig muss man ______________________ reinigen.

Tierarzt	Maschendraht	frisches Futter	hartes Futter	Freigehege
Frühjahr	Wasser	Herbst	einmal in der Woche	

Die Sprache des Meerschweinchens

- Kannst du die Sprache des Meerschweinchens verstehen? Verbinde Geräusch und Bedeutung.

Geräusch	Bedeutung
Leises Gurren	Das Meerschweinchen ist unzufrieden. Achtung! Es könnte beißen.
Zähneklappern	Das Meerschweinchen hat Schmerzen oder Angst.
Lautes Quieken	Das Meerschweinchen ist zufrieden.
Hohes Quieken	Das Meerschweinchen freut sich – vielleicht auf sein Futter.
Glucksen	Das Meerschweinchen unterhält sich mit einem anderen Meerschweinchen.

Das Futter der Meerschweinchen

Meerschweinchen sind **Pflanzenfresser**. Sie fressen **Obst, Gemüse, Gras, Körner** und **Heu.** Heu ist sehr wichtig. Das braucht ein Meerschweinchen jeden Tag.

Ein gesundes Meerschweinchen frisst den ganzen Tag und sollte daher immer etwas zu fressen haben. Gut ist es, wenn du dem Meerschweinchen verschiedene Sachen anbietest.

- Schreibe auf, was das Meerschweinchen alles frisst und trinkt.

Trockenfutter:

Obst:

Gemüse:

Getränk:

Station 6 – Hase oder Kaninchen?

A

Hallo, ich bin der Feldhase Kasimir. Ich möchte euch heute etwas über uns Feldhasen erzählen:

Wir Feldhasen können bis zu 6 kg schwer werden und sind bis zu 70 cm lang. Wir haben wirklich große Ohren. Meine „Löffel“ sind ganze 14 cm lang!

Wir leben gerne allein auf Feldern und Wiesen und schlafen in offenen Mulden auf dem Feld, die Sasse genannt werden. Wir Feldhasen sind wirklich schnell. So schnell fängt uns keiner unserer Feinde! Kleine Hasenkinder können sogar schon bald nach der Geburt hoppeln. Sie sind sogenannte Nestflüchter. Kleine Hasen können von Geburt an sehen und hören.

Wir sind Pflanzenfresser, das heißt, wir fressen gerne Gräser, kleine Zweige, Rinde, Kräuter und Gemüse.

Hallo, ich bin das Kaninchen Muckel. Ich möchte euch heute etwas über uns Wildkaninchen erzählen:

Wir Wildkaninchen können bis zu 2,5 kg schwer werden und sind bis zu 50 cm lang. Wir haben große Ohren, aber nicht so große wie die Hasen. Sie sind ungefähr 6 cm bis 8 cm lang.

Wir leben gerne in Gruppen in Büschen und auf den angrenzenden Wiesen. Wir brauchen immer Verstecke in unserer Nähe, damit wir uns vor unseren Feinden verstecken können. Deshalb schlafen wir auch in gemütlichen Höhlen, in denen wir auch unsere Jungen aufziehen. Kleine Kaninchen sind sogenannte Nesthocker. Sie sind nach der Geburt erst blind und taub und brauchen deshalb viel Schutz.

Wir sind Pflanzenfresser, das heißt, wir fressen gerne Gräser, Kräuter, Wurzeln und auch Gemüse.

- Richtig oder falsch? Kreuze an. x

	richtig	falsch
Wildkaninchen wohnen in Höhlen.	☐	☐
Kaninchen fressen gerne Rinde und Zweige.	☐	☐
Nestflüchter sind Tierjunge, die noch lange im Nest bleiben und sich nicht nach draußen trauen.	☐	☐
Feldhasen leben gerne in großen Gruppen mit ihren Hasenfreunden zusammen.	☐	☐
Hasenkinder sind nach der Geburt erst blind und taub.	☐	☐

Gemeinsamkeiten und Unterschiede **B**

Feldhase und Kaninchen – ein Vergleich

- Trage die Unterschiede und Gemeinsamkeiten von Feldhasen und Wildkaninchen in die Tabelle ein.

Feldhasen	Wildkaninchen

Kreuzworträtsel

C

- Löse das Kreuzworträtsel.

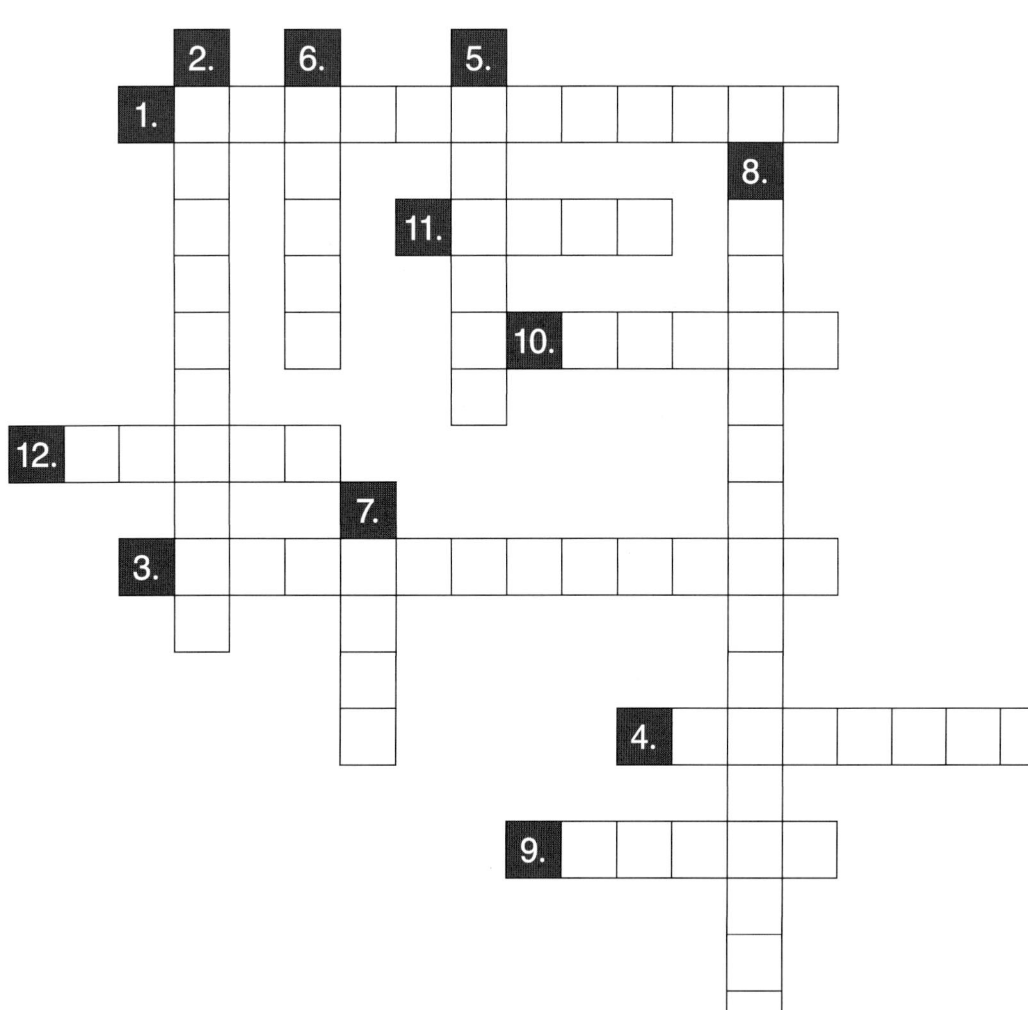

1. Feldhasenkinder sind …
2. Kaninchenkinder sind …
3. Feldhasen leben alleine als …
4. Kaninchen leben in …
5. Die Ohren von Hasen und Kaninchen nennt man ...
6. Feldhasen sind sehr ...
7. Hauskaninchen sind meistens …
8. Feldhasen und Kaninchen sind ...
9. Feldhasen haben keine Höhlen, sie schlafen in einer Mulde. Diese nennt man ...
10. Kaninchen wohnen in einer …
11. Feldhasen können von Geburt an sehen und hören und haben ein ...
12. Kaninchen sind nach der Geburt blind, taub und …

NACKT	NESTHOCKER	EINZELGÄNGER	NESTFLÜCHTER	SCHEU

LÖFFEL FELL HÖHLE PFLANZENFRESSER ZAHM GRUPPEN SASSE

Suchsel **D**

- Hier haben sich 15 Begriffe rund um Kaninchen und Hasen versteckt.
  Findest du sie alle?
  Suche waagerecht und senkrecht.

Suchbegriffe:
Sasse Einzelgänger Gruppe Feldhase Wildkaninchen taub nackt blind
Höhle Nestflüchter Nesthocker hoppeln Kräuter Pflanzenfresser Löffel

W	e	G	r	u	p	p	e	P	a
i	F	l	N	h	s	e	w	f	o
l	e	d	e	t	a	u	b	l	L
d	S	a	s	s	e	d	K	a	N
k	E	i	t	n	c	e	h	n	e
a	i	S	f	a	L	n	b	z	s
n	n	s	l	H	ö	h	l	e	t
i	z	e	ü	s	f	M	i	n	h
n	e	u	c	l	f	D	n	f	o
c	l	e	h	S	e	a	d	r	c
h	g	S	t	s	l	e	W	e	k
e	ä	F	e	l	d	h	a	s	e
n	n	i	r	l	D	H	o	s	r
a	g	s	e	K	a	t	n	e	i
ö	e	K	r	ä	u	t	e	r	ä
b	r	e	s	R	n	a	c	k	t
F	g	h	o	p	p	e	l	n	S

Memo-Spiel – Bildkarten **A**

- Schneide die Memo-Karten aus.
- Spiele alleine oder mit einem Partner das Memo-Spiel. Lege alle Karten verdeckt auf den Tisch. Decke immer zwei Karten auf. Passen sie zusammen, darfst du sie behalten und zwei weitere Karten umdrehen. Passen sie nicht zusammen, drehe sie wieder um. Dann ist der nächste Spieler an der Reihe.

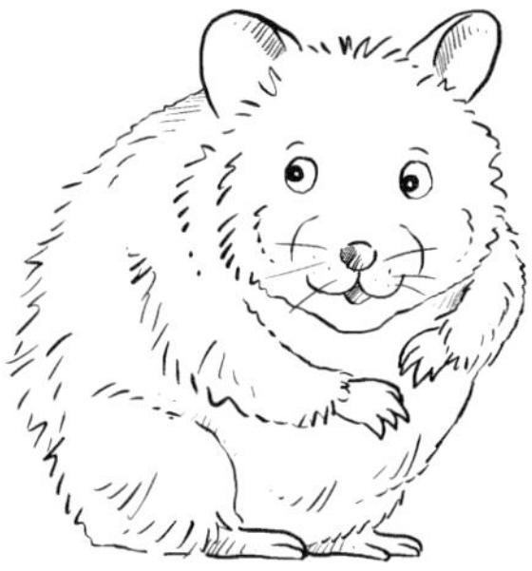

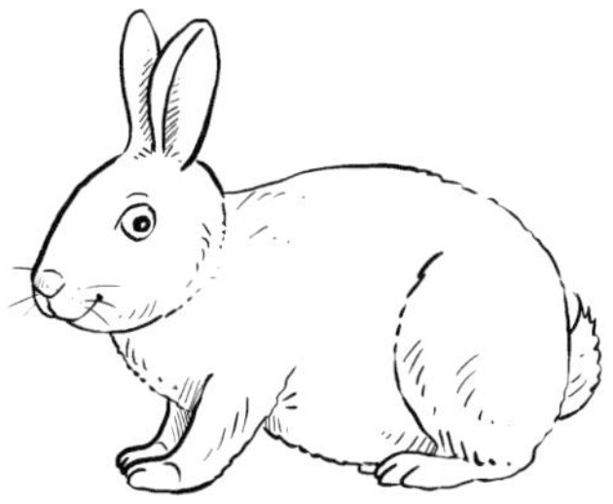

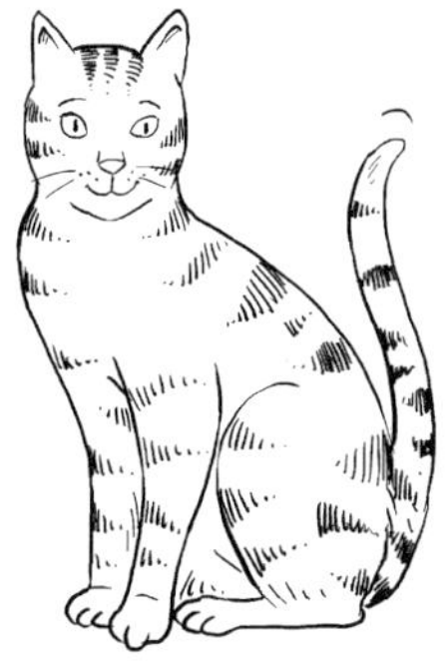

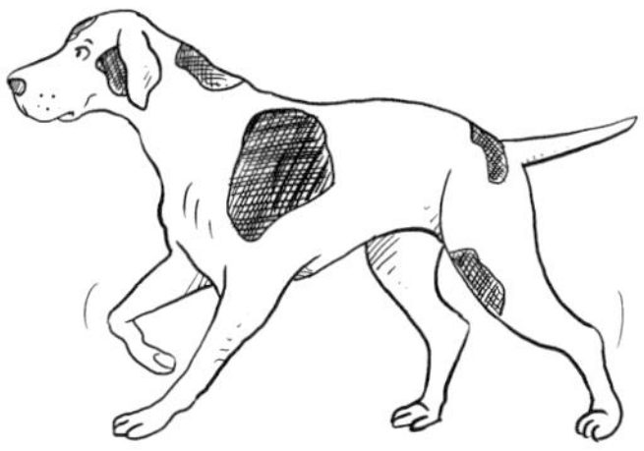

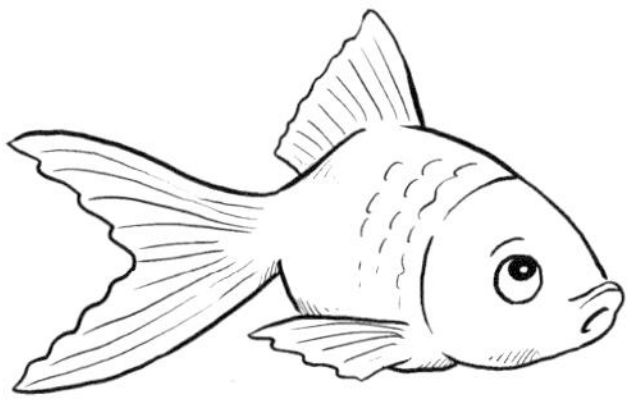

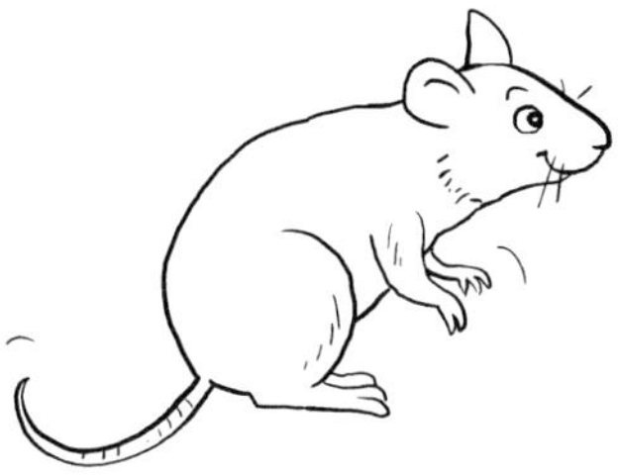

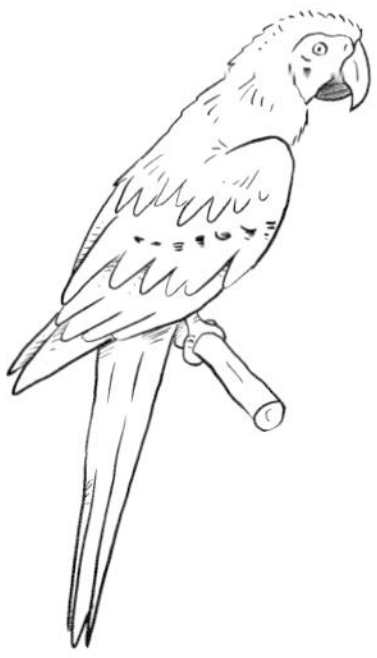

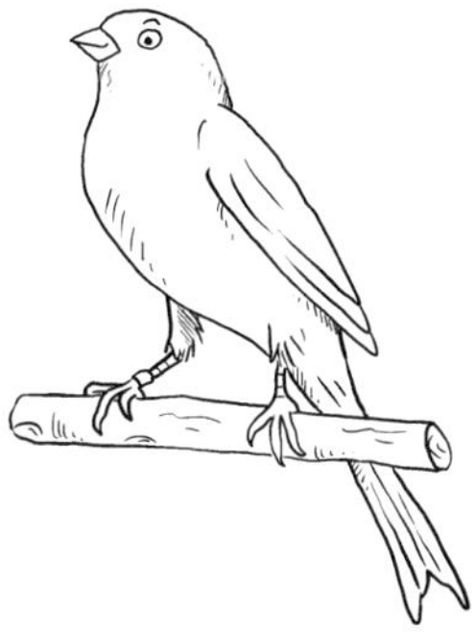

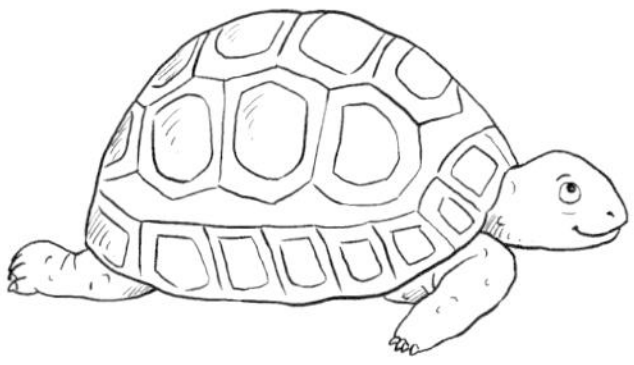

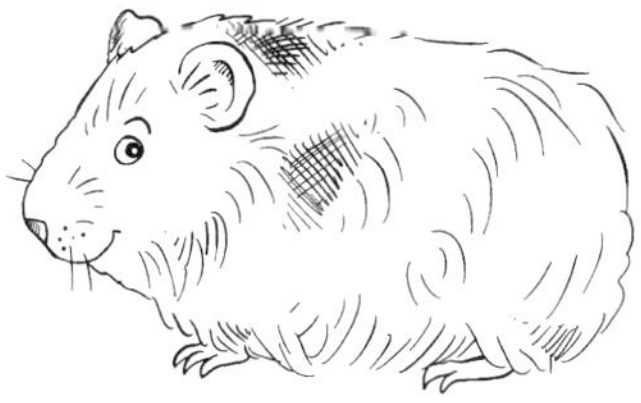

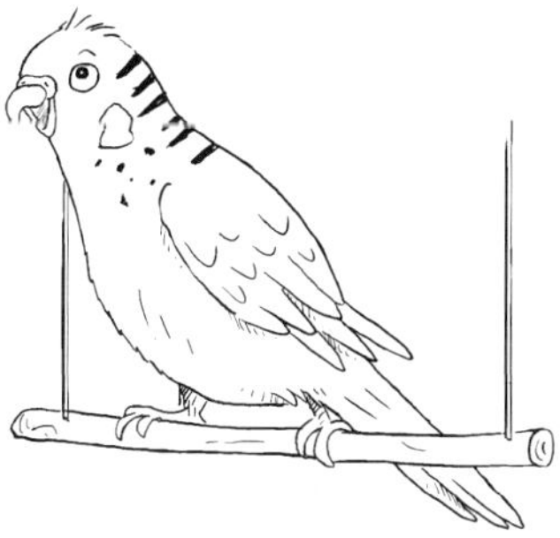

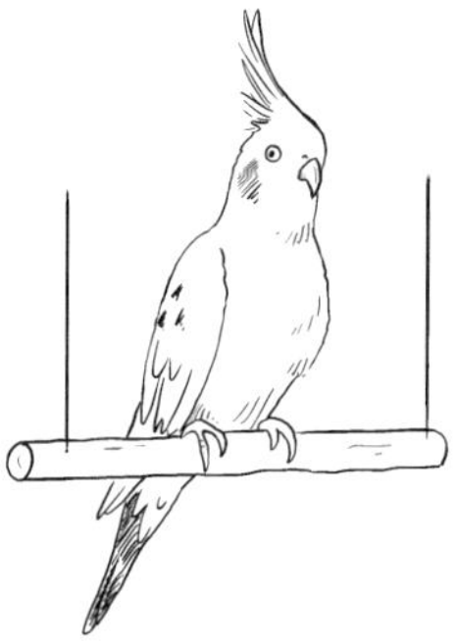

Memo-Spiel – Wortkarten B

- Schneide die Memo-Karten aus.
- Spiele alleine oder mit einem Partner das Memo-Spiel. Lege alle Karten verdeckt auf den Tisch. Decke immer zwei Karten auf. Passen sie zusammen, darfst du sie behalten und zwei weitere Karten umdrehen. Passen sie nicht zusammen, drehe sie wieder um. Dann ist der nächste Spieler an der Reihe.

Hamster	Kaninchen	Katze
Hund	Goldfisch	Maus
Papagei	Kanarien-vogel	Schildkröte
Meer-schweinchen	Wellensittich	Nymphen-sittich

Spielanleitung Haustierexperte

Du brauchst: 1 Würfel
Spielplan
Spielfiguren
Fragekarten

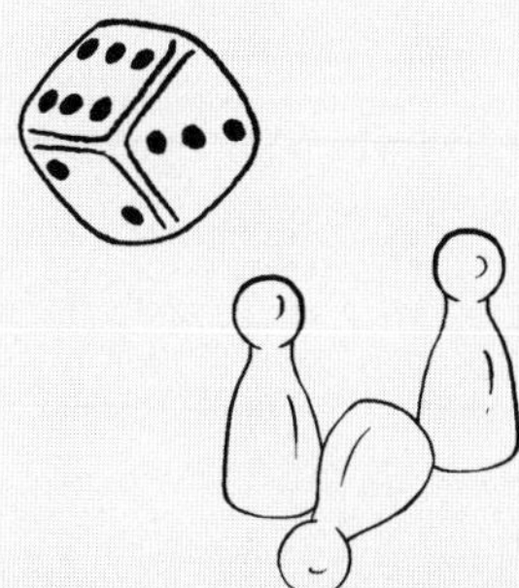

Spielregeln:

- Die Fragekarten werden mit der Schrift nach unten auf das Feld mit dem Fragezeichen gelegt.
- Jeder Spieler stellt seine Figur auf START.
- Es wird der Reihe nach gewürfelt.
- Kommst du auf ein Feld mit einem Fragezeichen, zieht dein rechter Nachbar eine Fragekarte und liest sie dir vor.
- Beantwortest du die Frage richtig, darfst du ein Feld vor.
- Beantwortest du die Frage falsch, musst du eine Runde aussetzen.
- Wer auf ein Feld mit einem Kleeblatt kommt, darf noch einmal würfeln.
- Wer zuerst im Ziel angekommen ist, hat gewonnen.

Haustierexperte – Fragekarten

C (2)

Wie heißt der männliche Hund?

A. Tiger B. Löwe
C. Rüde D. Rüpel

Was brauchen Meerschweinchen?

A. Handtuch B. Schlafhaus
C. Kamin D. Schaukel

Was frisst ein Wellensittich?

A. Schokolade B. Butterbrot
C. Kolbenhirse D. Regenwürmer

Der Hund ist ein ...

A. Nagetier B. Kleintier
C. Weichtier D. Säugetier

Was braucht ein tropischer Süßwasserfisch?

A. kaltes Süßwasser
B. warmes Süßwasser
C. kaltes Salzwasser
D. warmes Salzwasser

Wie heißt das männliche Kaninchen?

A. Rammler B. Widder
C. Zibbe D. Rogner

Wo ist die Heimat der Meerschweinchen?

A. Australien B. Europa
C. Südamerika D. Asien

Wie werden Hundekinder genannt?

A. Welpen B. Kitz
C. Rüde D. Hündin

Meerschweinchen gehören zu den ...

A. Amphibien B. Streicheltieren
C. Schmusetieren D. Nagetieren

Wie nennt man den Schwanz des Hundes?

A. Fang B. Knüppel
C. Löffel D. Rute

Was fressen Meerschweinchen?

A. Fliegen B. Heu
C. Fische D. Gummibären

Welches Haustier ist nachtaktiv?

A. Papagei B. Kaninchen
C. Hund D. Hamster

Wo ist die Heimat der Wellensittiche?

A. Europa B. Asien
C. Afrika D. Australien

Was ist kein Hundeberuf?

A. Hirtenhund B. Blindenhund
C. Wachhund D. nasser Hund

Im Dunkeln tastet die Katze mit … A. ihren Tasthaaren B. ihren Tatzen C. ihrem Schwanz D. ihren Krallen	Welcher Vogel hat ein wellenartiges Muster im Gefieder? A. Nymphensittich B. Papagei C. Wellensittich D. Kanarienvogel
Welcher Fisch war der erste Aquariumsfisch? A. Guppy B. Goldfisch C. Wels D. Karpfen	Katzen fressen vor allem … A. Salat B. Mäuse C. Gras D. Salami
Von welchem Tier stammt der Hund ab? A. Wolf B. Löwe C. Fuchs D. Luchs	Wie heißt die männliche Katze? A. Rüde B. Kater C. Krater D. Zibbe
Zum Körper des Fisches gehören … A. Zehen B. Finger C. Krallen D. Flossen	Die Katze schnurrt. Was bedeutet das? A. Sie braucht Futter. B. Sie greift an. C. Es geht ihr gut. D. Sie will spielen.
Wenn du Fische als Haustiere halten willst, brauchst du ein … A. Aquarium B. Solarium C. Waschbecken D. Wasserbett	Kaninchenbabys sind … A. Nestflüchter B. Nesthocker C. Nesträuber D. Nestbauer
Was gehört <u>nicht</u> in ein Aquarium? A. Filter B. Wasserpumpe C. Thermometer D. Blumenerde	Die Ohren des Kaninchens nennt man auch … A. Löffel B. Schaufel C. Gabel D. Kiemen
Was braucht ein Hund? A. Halsband B. Rassel C. Waschhaus D. Käfig	Welches Haustier ist ein Raubtier? A. Katze B. Meerschweinchen C. Hamster D. Wellensittich

Kaninchen sind … A. Wassertiere B. Fleischfresser C. Allesfresser D. Nagetiere	Was bedeutet es, wenn ein Tier nachtaktiv ist? A. Es schläft nachts. B. Es schläft am Tag. C. Es lebt nur in dunklen Höhlen. D. Es schläft nie.
Was gehört in den Kaninchenkäfig? A. Tapete B. Kompost C. Streu D. Sand	Woran erkennt man, dass die Katze ein Raubtier ist? A. am Gebiss B. an den Augen C. an den Ohren D. am Schwanz
Was fressen Kaninchen nicht? A. Äpfel B. Möhren C. Fenchel D. Fruchtfliegen	In welchem Land lebten vor 5.000 Jahren die ersten Hauskatzen? A. Indien B. Ägypten C. Deutschland D. Spanien
Welches Tier ist ein Haustier? A. Pferd B. Schwein C. Katze D. Esel	Warum kann die Katze sich ganz leise anschleichen? A. Weil ihre Pfoten weiche Ballen haben. B. Weil sie sehr leicht ist. C. Weil sie auf ihren Krallen läuft. D. Weil sie fliegen kann.
Welches Tier ist ein Nutztier? A. Katze B. Meerschweinchen C. Hamster D. Huhn	Warum müssen Nagetiere an Zweigen nagen? A. Damit ihnen nicht langweilig wird. B. Damit ihre Zähne nicht zu lang werden. C. Damit sie Vitamine bekommen. D. Damit sie das Nagen lernen.
Was ist <u>kein</u> Nagetier? A. Hamster B. Maus C. Meerschweinchen D. Katze	Wenn du eine Vogelspinne als Haustier halten willst, brauchst du ein … A. Aquarium B. Terrarium C. Solarium D. Planetarium
Wie heißt das Maul des Hundes? A. Rute B. Fang C. Rüde D. Schnauze	Was ist ein Freigänger bei Katzen? A. eine Wohnungskatze B. eine Katze in der Wildnis C. eine Hauskatze, die nach draußen darf D. eine Katze im Gefängnis

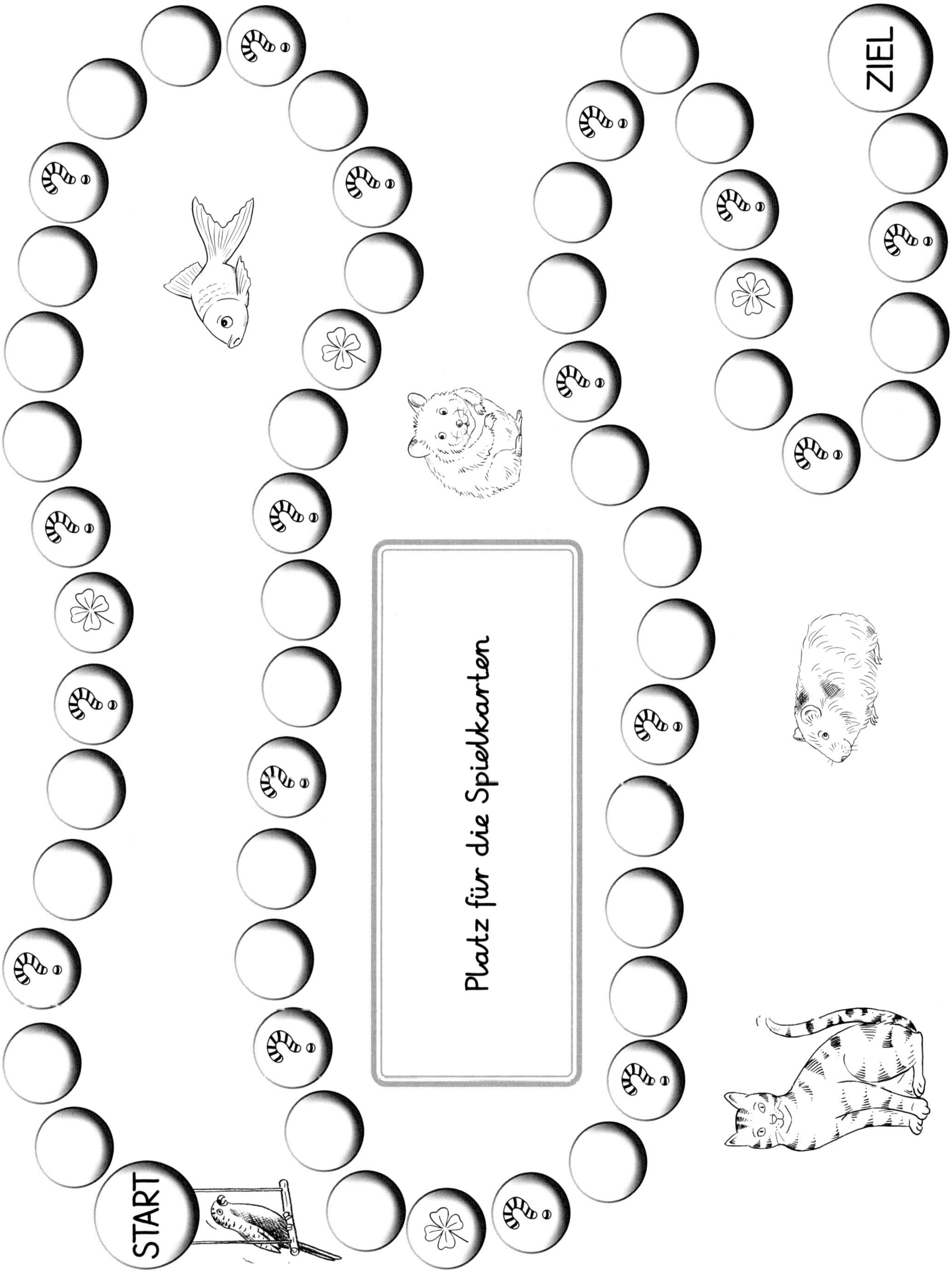

START

ZIEL

Platz für die Spielkarten

Station 1

Tierklassen

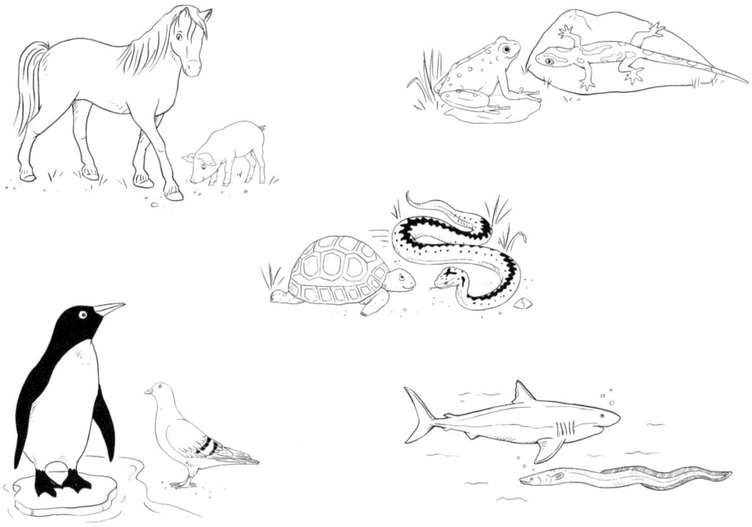

Station 2

Tierfamilien

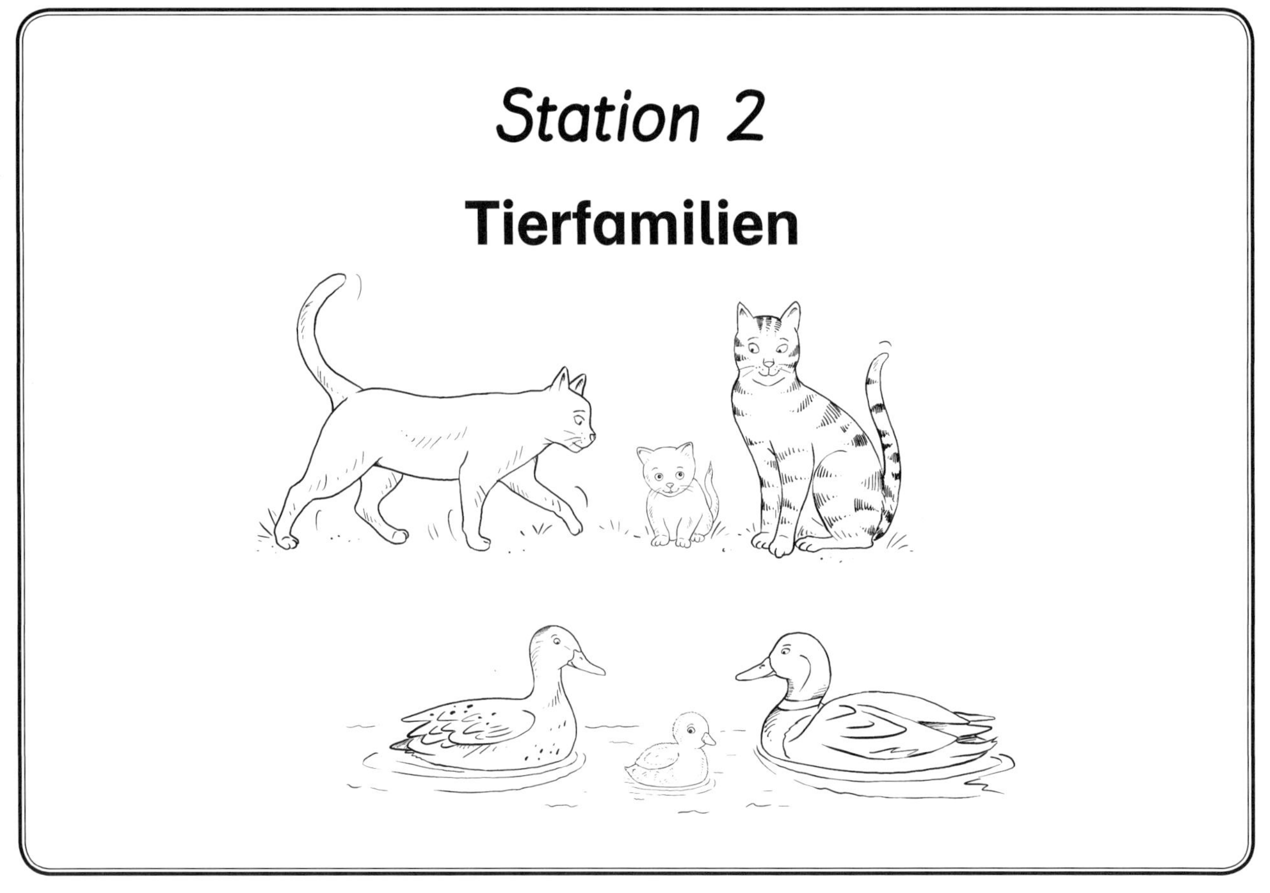

Station 3

Behausung

Station 4

Nutztiere und Haustiere

Station 5

Meerschweinchenheft

Station 6

Hase oder Kaninchen

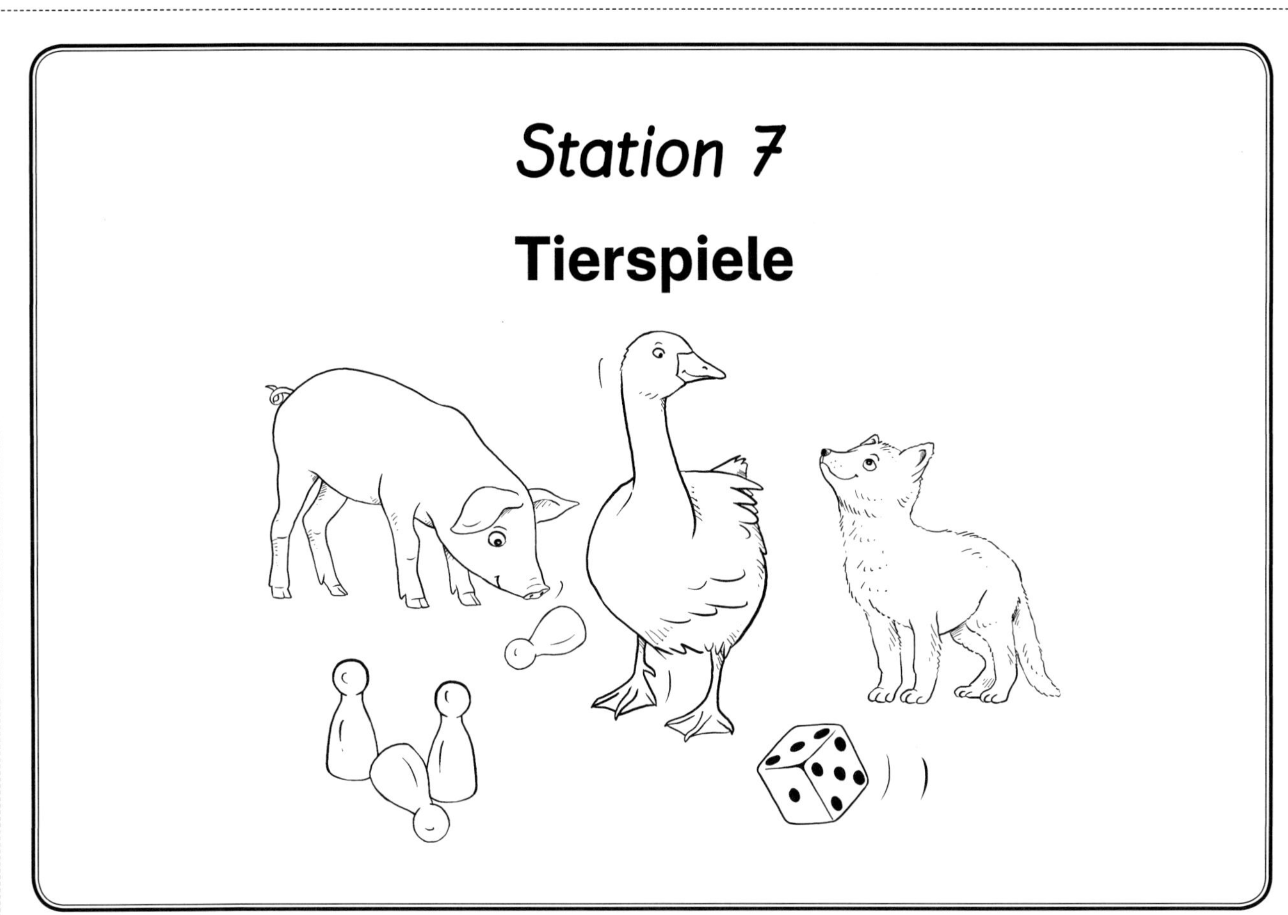
Station 7
Tierspiele

Laufzettel

Name: ______________________________

Stationen	Anmerkung	erledigt
Station 1: Tierklassen		
Station 2: Tierfamilien		
Station 3: Behausung		
Station 4: Nutztiere und Haustiere		
Station 5: Meerschweinchenheft		
Station 6: Hase oder Kaninchen		
Station 7: Tierspiele		

Lernstation: ______________________________

Name des Kindes	bearbeitete Arbeitsblätter	Bemerkungen/Förderung

Selbsteinschätzungsbogen

Name: ____________________

Lernstation	Arbeitsblatt	Einschätzung
		☺ 😐 ☹
		☺ 😐 ☹
		☺ 😐 ☹
		☺ 😐 ☹
		☺ 😐 ☹
		☺ 😐 ☹
		☺ 😐 ☹
		☺ 😐 ☹
		☺ 😐 ☹
		☺ 😐 ☹

Urkunde

hat an den Lernstationen

Tiere

mit großem Erfolg teilgenommen.

Ort und Datum

Unterschrift

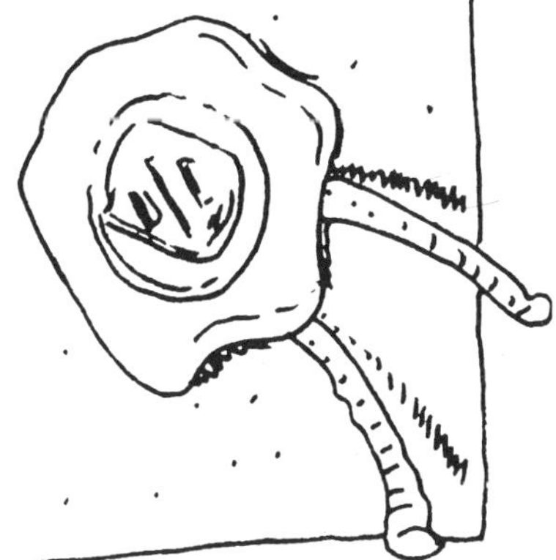

Station 2 Lösung A (1)

- Schneide die Bilder vom Arbeitsblatt *Bildkarten* aus und klebe sie in die Tabelle.

Tierfamilie Haustiere	Vater	Mutter	Kind
Hund			
Katze			

Tierfamilie Wildtiere	Vater	Mutter	Kind
Hirsch			
Fuchs			
Wildschwein			
Elch			

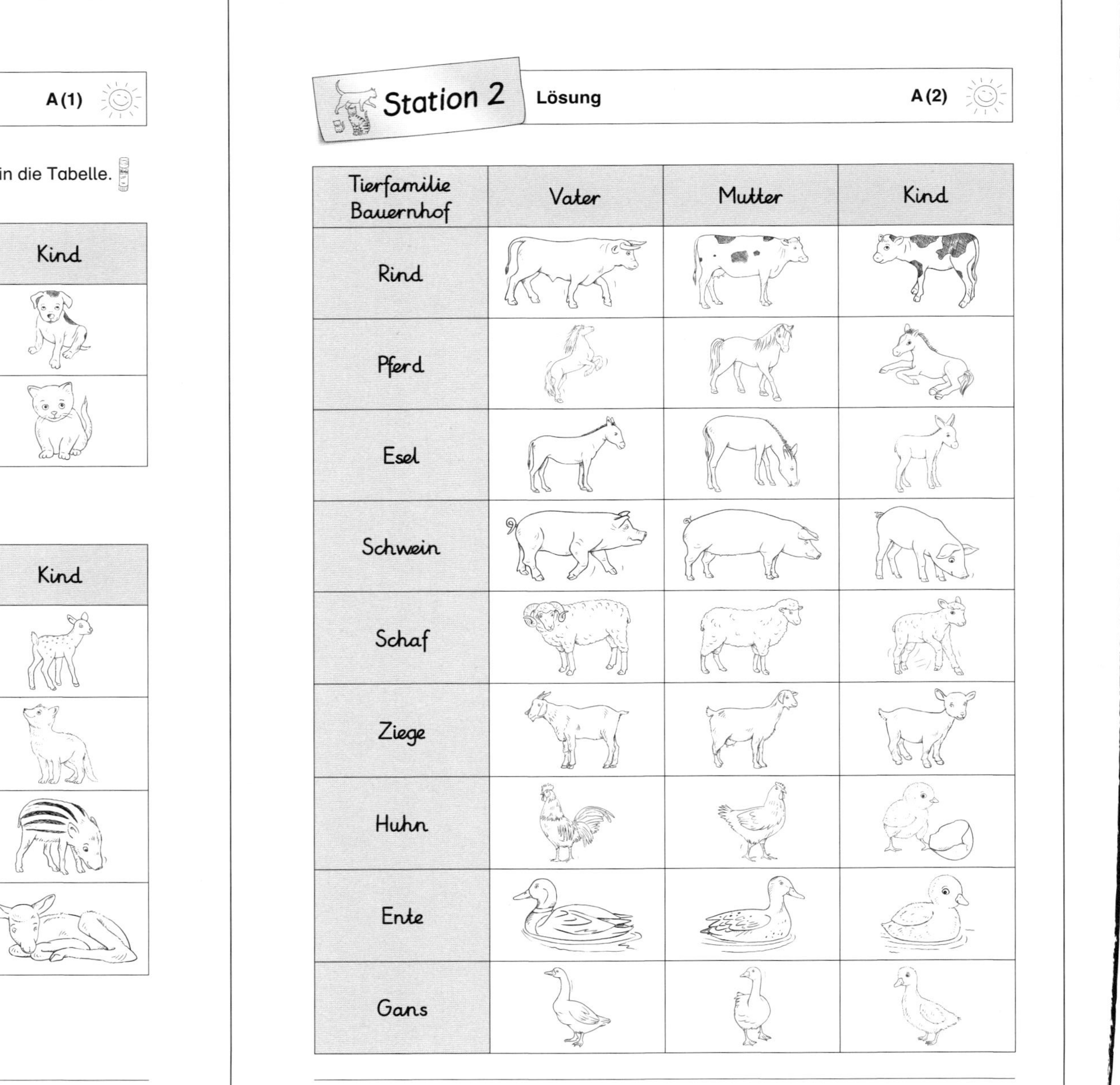

Station 2 Lösung A (2)

Tierfamilie Bauernhof	Vater	Mutter	Kind
Rind			
Pferd			
Esel			
Schwein			
Schaf			
Ziege			
Huhn			
Ente			
Gans			

Station 2 Lösung A (1)

- Ergänze die fehlenden Begriffe (Seite 2).

Tierfamilie Haustiere	Vater	Mutter	Kind
Hund	Rüde	Hündin	Welpe
Katze	Kater	Katze	Kätzchen/Junges
Kaninchen	Rammler	Zibbe	-----
Fische	Milchner	Rogner	Larve

Tierfamilie Wildtiere	Vater	Mutter	Kind
Hirsch	Hirsch	Hirschkuh	Hirschkalb
Fuchs	Rüde	Fähe	Welpe
Wildschwein	Keiler	Bache	Frischling
Elch	Bulle/Schaufler	Elchkuh	Elchkalb

Tierfamilie Bauernhof	Vater	Mutter	Kind
Rind	Stier/Bulle	Kuh	Kalb
Pferd	Hengst	Stute	Fohlen
Esel	Hengst	Stute	Fohlen
Schwein	Eber	Sau	Ferkel
Schaf	Widder/Schafbock	Aue/Zibbe	Lamm
Ziege	Ziegenbock	Geiß/Zicke	Kitz/ Zicklein
Huhn	Hahn	Henne/Huhn	Küken
Ente	Erpel/Enterich	Ente	Entenküken
Gans	Gänserich/Ganter	Gans	Küken

Station 2 Lösung A (1)

- Ergänze die fehlenden Begriffe (Seite 2).

Tierfamilie Haustiere	Vater	Mutter	Kind
Hund	Rüde	Hündin	Welpe
Katze	Kater	Katze	Kätzchen/Junges
Kaninchen	Rammler	Zibbe	-----
Fische	Milchner	Rogner	Larve

Tierfamilie Wildtiere	Vater	Mutter	Kind
Hirsch	Hirsch	Hirschkuh	Hirschkalb
Reh	Rehbock	Ricke/Geiß	Kitz
Fuchs	Rüde	Fähe	Welpe
Wildschwein	Keiler	Bache	Frischling
Elch	Bulle/Schaufler/Stangler	Elchkuh	Elchkalb
Biene	Drohne	Königin	Jungmade

Tierfamilie Bauernhof	Vater	Mutter	Kind
Rind	Stier/Bulle	Kuh	Kalb
Pferd	Hengst	Stute	Fohlen
Esel	Hengst	Stute	Fohlen
Schwein	Eber	Sau	Ferkel
Schaf	Widder/Schafbock	Aue/Zibbe	Lamm
Ziege	Ziegenbock	Geiß/Zicke/Zibbe	Kitz/Zicklein
Huhn	Hahn	Henne/Huhn	Küken
Ente	Erpel/Enterich	Ente	Entenküken
Gans	Gänserich/Ganter	Gans	Küken

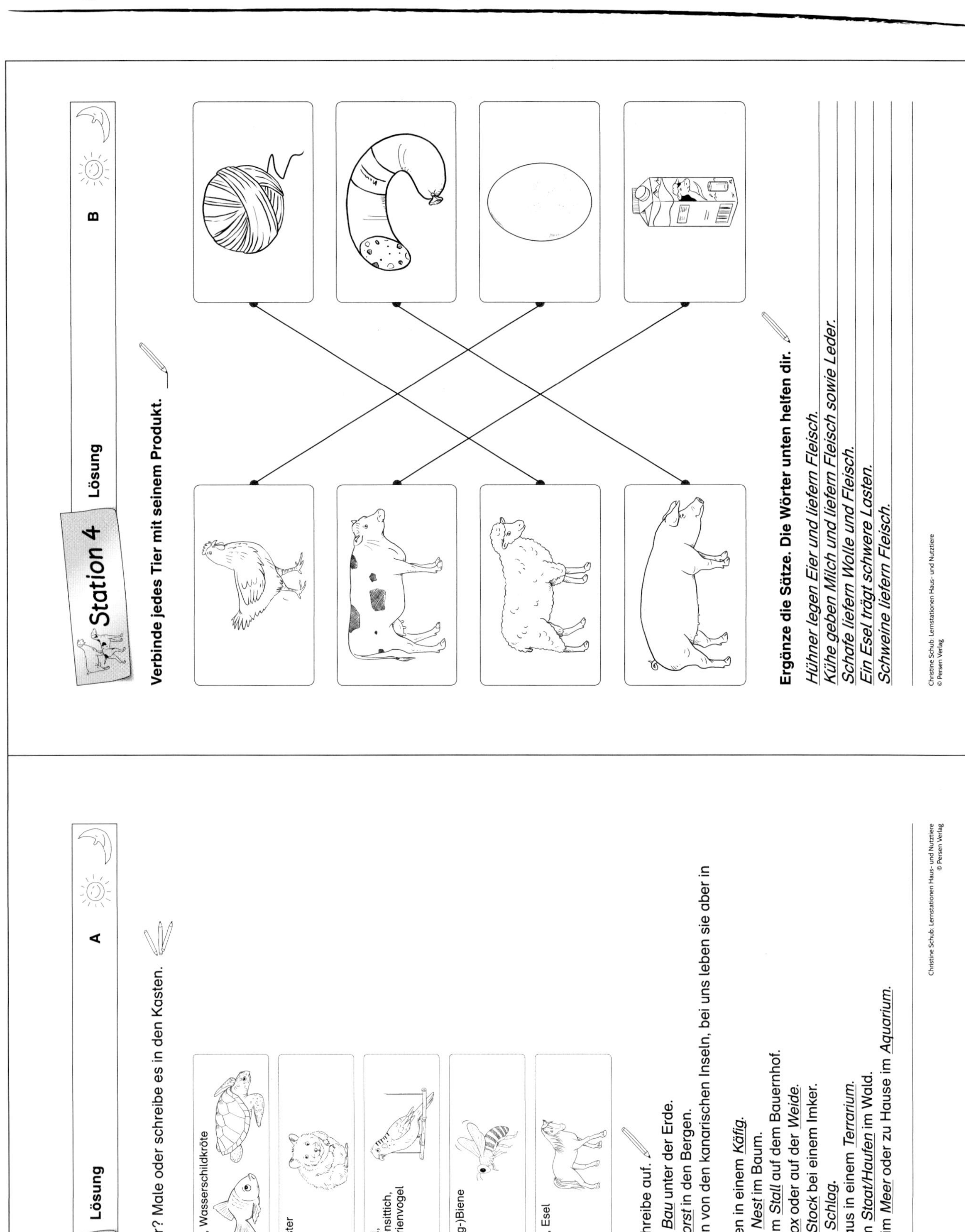

Station 3 Lösung A

- Welches Tier wohnt hier? Male oder schreibe es in den Kasten.

- Wo leben die Tiere? Schreibe auf.

Dachse leben in einem *Bau* unter der Erde.
Adler leben in einem *Horst* in den Bergen.
Kanarienvögel kommen von den kanarischen Inseln, bei uns leben sie aber in einem *Vogelkäfig*.
Meerschweinchen leben in einem *Käfig*.
Amseln leben in einem *Nest* im Baum.
Schweine leben in einem *Stall* auf dem Bauernhof.
Pferde leben in einer *Box* oder auf der *Weide*.
Bienen leben in einem *Stock* bei einem Imker.
Tauben leben in einem *Schlag*.
Schlangen leben im Haus in einem *Terrarium*.
Ameisen leben in einem *Staat/Haufen* im Wald.
Fische leben im *Teich*, im *Meer* oder zu Hause im *Aquarium*.

Station 4 Lösung B

Verbinde jedes Tier mit seinem Produkt.

Ergänze die Sätze. Die Wörter unten helfen dir.

Hühner legen Eier und liefern Fleisch.
Kühe geben Milch und liefern Fleisch sowie Leder.
Schafe liefern Wolle und Fleisch.
Ein Esel trägt schwere Lasten.
Schweine liefern Fleisch.

Station 4 Lösung D

- Wie heißt das Tier? Schreibe die Wörter richtig in die Kästen.

Prfde	P f e r d
idRn	R i n d
chwiSen	S c h w e i n
Ktzea	K a t z e
aHstmer	H a m s t e r
slEe	E s e l
cShaf	S c h a f

Christine Schub: Lernstationen Haus- und Nutztiere
© Persen Verlag

Station 5 Lösung A, B, C

- Was weißt du alles über Meerschweinchen?

Meerschweinchen sind gesellige *Tiere*.
Sie leben in der freien Natur in *Gruppen* zusammen.
Meerschweinchen stammen aus *Südamerika*.
Ihre Fellfarbe ist normalerweise *grau*.
Heute gibt es Meerschweinchen in vielen verschiedenen *Farben*, wie braun, weiß und schwarz.
Ein Meerschweinchen als *Haustier* zu halten, bedeutet eine große Verantwortung.

Wichtige Informationen vor dem Meerschweinchenkauf

- Beantworte die Fragen.

Wie alt können Meerschweinchen werden?
Meerschweinchen können bis zu 10 Jahre alt werden.
Wie oft musst du den Käfig sauber machen?
Alle zwei bis drei Tage.
Wie oft musst du mit dem Meerschweinchen spielen?
Jeden Tag.
Was kann passieren, wenn das Meerschweinchen in der Wohnung frei läuft?
Es kann Möbel anknabbern oder Pipi machen.

- Worauf muss man achten? Ergänze.

1. *hartes Futter*
2. *Tierarzt*
3. *Frühjahr; Herbst*
4. *Freigehege; Maschendraht*
5. *frisches Futter; Wasser; einmal in der Woche*

Christine Schub: Lernstationen Haus- und Nutztiere
© Persen Verlag

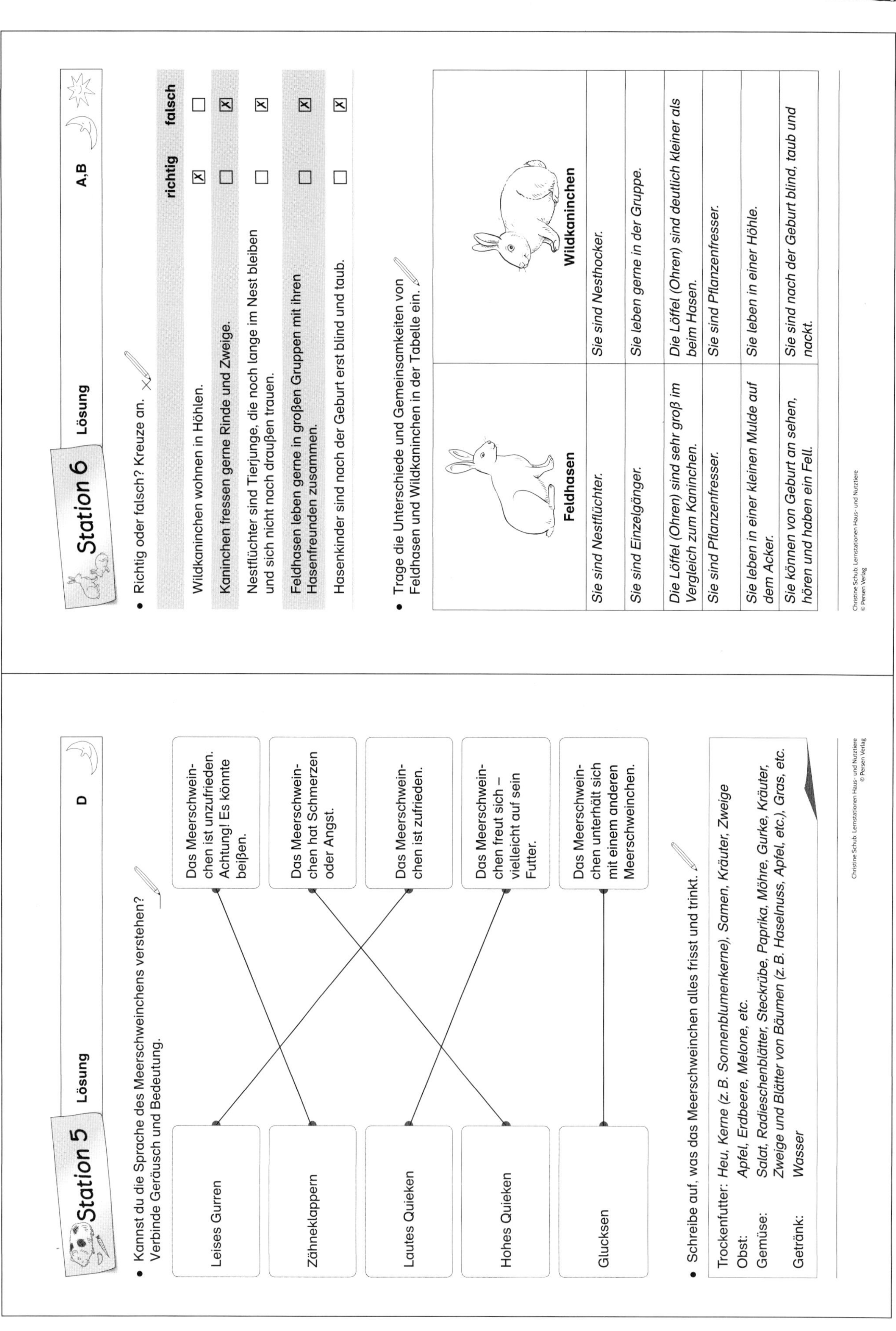

Station 5 — Lösung — D

- Kannst du die Sprache des Meerschweinchens verstehen? Verbinde Geräusch und Bedeutung.

Geräusch	Bedeutung
Leises Gurren	Das Meerschweinchen ist zufrieden.
Zähneklappern	Das Meerschweinchen ist unzufrieden. Achtung! Es könnte beißen.
Lautes Quieken	Das Meerschweinchen freut sich – vielleicht auf sein Futter.
Hohes Quieken	Das Meerschweinchen hat Schmerzen oder Angst.
Glucksen	Das Meerschweinchen unterhält sich mit einem anderen Meerschweinchen.

- Schreibe auf, was das Meerschweinchen alles frisst und trinkt.

Trockenfutter: *Heu, Kerne (z. B. Sonnenblumenkerne), Samen, Kräuter, Zweige*
Obst: *Apfel, Erdbeere, Melone, etc.*
Gemüse: *Salat, Radieschenblätter, Steckrübe, Paprika, Möhre, Gurke, Kräuter, Zweige und Blätter von Bäumen (z. B. Haselnuss, Apfel, etc.), Gras, etc.*
Getränk: *Wasser*

Christine Schub: Lernstationen Haus- und Nutztiere
© Persen Verlag

Station 6 — Lösung — A,B

- Richtig oder falsch? Kreuze an.

	richtig	falsch
Wildkaninchen wohnen in Höhlen.	☒	☐
Kaninchen fressen gerne Rinde und Zweige.	☐	☒
Nestflüchter sind Tierjunge, die noch lange im Nest bleiben und sich nicht nach draußen trauen.	☐	☒
Feldhasen leben gerne in großen Gruppen mit ihren Hasenfreunden zusammen.	☐	☒
Hasenkinder sind nach der Geburt erst blind und taub.	☐	☒

- Trage die Unterschiede und Gemeinsamkeiten von Feldhasen und Wildkaninchen in der Tabelle ein.

Feldhasen	Wildkaninchen
Sie sind Nestflüchter.	*Sie sind Nesthocker.*
Sie sind Einzelgänger.	*Sie leben gerne in der Gruppe.*
Die Löffel (Ohren) sind sehr groß im Vergleich zum Kaninchen.	*Die Löffel (Ohren) sind deutlich kleiner als beim Hasen.*
Sie sind Pflanzenfresser.	*Sie sind Pflanzenfresser.*
Sie leben in einer kleinen Mulde auf dem Acker.	*Sie leben in einer Höhle.*
Sie können von Geburt an sehen, hören und haben ein Fell.	*Sie sind nach der Geburt blind, taub und nackt.*

Christine Schub: Lernstationen Haus- und Nutztiere
© Persen Verlag

Station 6 Lösung C

- Löse das Kreuzworträtsel.

			2.		6.			5.										
		1.	N	E	S	T	F	L	Ü	C	H	T	E	R				
			E		C			Ö					8.					
			S		H		11.	F	E	L	L		P					
			T		E			F					F					
			H		U			E	10.	H	Ö	H	L	E				
			O					L					A					
12.	N	A	C	K	T								N					
			K			7.							Z					
		3.	E	I	N	Z	E	L	G	Ä	N	G	E	R				
			R			A							N					
						H							F					
						M					4.	G	R	U	P	P	E	N
													E					
									9.	S	A	S	S	E				
													S					
													E					
													R					

1. Feldhasenkinder sind …
2. Kaninchenkinder sind …
3. Feldhasen leben alleine als …
4. Kaninchen leben in …
5. Die Ohren von Hasen und Kaninchen nennt man ...
6. Feldhasen sind sehr ...
7. Hauskaninchen sind meistens …
8. Feldhasen und Kaninchen sind ...
9. Feldhasen haben keine Höhlen, sie schlafen in einer Mulde. Diese nennt man ...
10. Kaninchen wohnen in einer …
11. Feldhasen können von Geburt an sehen und hören und haben ein ..
12. Kaninchen sind nach der Geburt blind, taub und …

NACKT NESTHOCKER EINZELGÄNGER NESTFLÜCHTER SCHEU
LÖFFEL FELL HÖHLE PFLANZENFRESSER ZAHM GRUPPEN SASSE

Station 7 Lösung C(2)

Wie heißt der männliche Hund?		Was brauchen Meerschweinchen?	
A. Tiger	B. Löwe	A. Handtuch	**B. Schlafhaus**
C. Rüde	D. Rüpel	C. Kamin	D. Schaukel
Was frisst ein Wellensittich?		**Der Hund ist ein ...**	
A. Schokolade	B. Butterbrot	A. Nagetier	B. Kleintier
C. Kolbenhirse	D. Regenwürmer	C. Weichtier	**D. Säugetier**
Was braucht ein tropischer Süßwasserfisch? A. kaltes Süßwasser **B. warmes Süßwasser** C. kaltes Salzwasser D. warmes Salzwasser		**Wie heißt das männliche Kaninchen?**	
		A. Rammler	B. Widder
		C. Zibbe	D. Rogner
Wo ist die Heimat der Meerschweinchen?		**Wie werden Hundekinder genannt?**	
A. Australien	B. Europa	**A. Welpen**	B. Kitz
C. Südamerika	D. Asien	C. Rüde	D. Hündin
Meerschweinchen gehören zu den ...		**Wie nennt man den Schwanz des Hundes?**	
A. Amphibien	B. Streicheltieren	A. Fang	B. Knüppel
C. Schmusetieren	**D. Nagetieren**	C. Löffel	**D. Rute**
Was fressen Meerschweinchen?		**Welches Haustier ist nachtaktiv?**	
A. Fliegen	**B. Heu**	A. Papagei	B. Kaninchen
C. Fische	D. Gummibären	C. Hund	**D. Hamster**
Wo ist die Heimat der Wellensittiche?		**Was ist kein Hundeberuf?**	
A. Europa	B. Asien	A. Hirtenhund	B. Blindenhund
C. Afrika	**D. Australien**	C. Wachhund	**D. nasser Hund**

Station 7 – Lösung C (3)

Im Dunkeln tastet die Katze mit …
A. **ihren Tasthaaren** B. ihren Tatzen
C. ihrem Schwanz D. ihren Krallen

Welcher Vogel hat ein wellenartiges Muster im Gefieder?
A. Nymphensittich B. Papagei
C. Wellensittich D. Kanarienvogel

Welcher Fisch war der erste Aquariumsfisch?
A. Guppy **B. Goldfisch**
C. Wels D. Karpfen

Katzen fressen vor allem …
A. Salat **B. Mäuse**
C. Gras D. Salami

Von welchem Tier stammt der Hund ab?
A. Wolf B. Löwe
C. Fuchs D. Luchs

Wie heißt die männliche Katze?
A. Rüde **B. Kater**
C. Krater D. Zibbe

Zum Körper des Fisches gehören …
A. Zehen B. Finger
C. Krallen **D. Flossen**

Die Katze schnurrt. Was bedeutet das?
A. Sie braucht Futter. B. Sie greift an.
C. Es geht ihr gut. D. Sie will spielen.

Wenn du Fische als Haustiere halten willst, brauchst du ein …
A. Aquarium B. Solarium
C. Waschbecken D. Wasserbett

Kaninchenbabys sind …
A. Nestflüchter **B. Nesthocker**
C. Nesträuber D. Nestbauer

Was gehört nicht in ein Aquarium?
A. Filter B. Wasserpumpe
C. Thermometer **D. Blumenerde**

Die Ohren des Kaninchens nennt man auch …
A. Löffel B. Schaufel
C. Gabel D. Kiemen

Was braucht ein Hund?
A. Halsband B. Rassel
C. Waschhaus D. Käfig

Welches Haustier ist ein Raubtier?
A. Katze B. Meerschweinchen
C. Hamster D. Wellensittich

Station 7 – Lösung C (4)

Kaninchen sind …
A. Wassertiere B. Fleischfresser
C. Allesfresser **D. Nagetiere**

Was bedeutet es, wenn ein Tier nachtaktiv ist?
A. Es schläft nachts.
B. Es schläft am Tag.
C. Es lebt nur in dunklen Höhlen.
D. Es schläft nie.

Was gehört in den Kaninchenkäfig?
A. Tapete B. Kompost
C. Streu D. Sand

Woran erkennt man, dass die Katze ein Raubtier ist?
A. am Gebiss B. an den Augen
C. an den Ohren D. am Schwanz

Was fressen Kaninchen nicht?
A. Äpfel B. Möhren
C. Fenchel **D. Fruchtfliegen**

In welchem Land lebten vor 5.000 Jahren die ersten Hauskatzen?
A. Indien **B. Ägypten**
C. Deutschland D. Spanien

Welches Tier ist ein Haustier?
A. Pferd B. Schwein
C. Katze D. Esel

Warum kann die Katze sich ganz leise anschleichen?
A. Weil ihre Pfoten weiche Ballen haben.
B. Weil sie sehr leicht ist.
C. Weil sie auf ihren Krallen läuft.
D. Weil sie fliegen kann.

Welches Tier ist ein Nutztier?
A. Katze B. Meerschweinchen
C. Hamster **D. Huhn**

Warum müssen Nagetiere an Zweigen nagen?
A. Damit ihnen nicht langweilig wird.
B. Damit ihre Zähne nicht zu lang werden.
C. Damit sie Vitamine bekommen.
D. Damit sie das Nagen lernen.

Was ist kein Nagetier?
A. Hamster B. Maus
C. Meerschweinchen **D. Katze**

Wenn du eine Vogelspinne als Haustier halten willst, brauchst du ein …
A. Aquarium **B. Terrarium**
C. Solarium D. Planetarium

Wie heißt das Maul des Hundes?
A. Rute **B. Fang**
C. Rüde D. Schnauze

Was ist ein Freigänger bei Katzen?
A. eine Wohnungskatze
B. eine Katze in der Wildnis
C. eine Hauskatze, die nach draußen darf
D. eine Katze im Gefängnis

Bücher, CDs und DVDs rund um das Thema Tiere

Gernhäuser, Susanne: tiptoi Bilderlexikon Tiere. Ravensburger, 2016.

Hackbarth, Annette: Was ist Was. Haustiere. Unsere liebsten Freunde. Tessloff, 2015.

Lenz, Angelika: Wieso? Weshalb? Warum? Natur-Entdecker. Vögel. Ravensburger, 2016.

Meyers Tierlexikon für Kinder. Meyers, 2011.

Paxmann, Christine: Was ist Was. Hunde. Helden auf vier Pfoten. Tessloff, 2016.

Prusse, Daniela: Wieso? Weshalb? Warum? Natur-Entdecker. Tiere im Wald. Ravensburger, 2016.

Spears, James / Kasprzak, Andreas: National Geographic Kids. Alles über … . Bd. 4: Haustiere. Panini, 2014.

Trapp, Kyrima: Wieso? Weshalb? Warum? Unsere Haustiere. Ravensburger, 2011.

Geolino Extra 37/2012 – Haustiere

Geolino Extra 43/2013 – Säugetiere

CD

Geolino Extra: Haustiere. Unsere tierischen Mitbewohner. (2015)

DVD

Was ist Was TV – Heimtiere – Unsere besten Freunde. Tessloff (2009).

Internetseiten für Kinder

Olli's wilde Welt
http://www.kindernetz.de/oli/-/id=4438/1k00b3b/index.html

Naturdetektive
http://www.naturdetektive.de